苏霍姆林斯基教育经典丛书

要相信孩子

[苏] B.A.苏霍姆林斯基 著

汪彭庚 译

教育科学出版社
·北京·

总序 I

瓦·亚·苏霍姆林斯基（1918—1970）是世界著名的教育家。20世纪80年代，他的著作被引进到我国，一时风靡全国，教育研究者，中小学校长、教师对其表现出极大的热情，简直可以说是爱不释手。教育科学出版社就是最早引进苏霍姆林斯基著作的出版社之一。

20世纪末，教育科学出版社策划出版了"20世纪苏联教育经典译丛"，其中就收录了苏霍姆林斯基的教育经典著作，我曾经为这套丛书作序。在苏霍姆林斯基的教育经典著作中，《给教师的建议》发行了200多万册，创下了我国引进版教育理论图书出版的奇迹；《帕夫雷什中学》《怎样培养真正的人》《公民的诞生》《和青年校长的谈话》《要相信孩子》等也都成为常销书、畅销书。这一系列教育经典著作的出版，催生了人们对苏霍姆林斯基教育思想学习和研究的热潮。21世纪初，教育科学出版社又策划出版了《苏霍姆林斯基选集（五卷本）》，更为系统地介绍了苏霍姆林斯基的教育思想，将我国对苏霍姆林斯基教育思想的学习和研究活动推向了新的高度。该套书先后荣获了"第六届国家图书奖"提名奖和"第三届全国教育图书奖"一等奖。

20世纪80年代，在引进和介绍苏霍姆林斯基教育思想方面，国内多所大学以及教育研究所做出了自己独特的贡献，如北京师范大学外国教育研究所（现北京师范大学国际与比较教育研究院）、中央教育科学研究所（现中国教育科学研究院）比较教育研究室、华东师范大学比较教育研究所等，都曾组织研究人员翻译、介绍苏霍姆林斯基的著作，这为苏霍姆林斯基教育思想在我国的普及推广奠定了重要基础。

现如今，苏霍姆林斯基的育人成就和教育思想在我国教育界可以说是无人不知、无人不晓。几十年来，我国教育界对他的研究和借鉴可谓经久不衰。他对儿童的热爱、对教育事业的忠诚以及睿智的教育思想，一直鼓舞、激励着我国千百万教师不断改进教育教学工作，为培养一代代合格的社会主义人才而奉献自己的力量。我国的许多中小学开展了苏霍姆林斯基教育思想实验研究，取得了卓越成效。一大批苏霍姆林斯基式的优秀中小学教师也不断成长起来。

从1948年到1970年离世，苏霍姆林斯基一直执教于乌克兰帕夫雷什中学。在这里，他不仅实现了自己的教育理想，而且著书立说，详尽地论述了他的教育思想和实践经验。我最初读到《我把心给了孩子们》这本书时，心灵就受到了震撼。作为一名教师，最宝贵的品质莫过于热爱孩子、相信孩子、尊重孩子，把整个心灵献给孩子。苏霍姆林斯基对孩子火一般的热情，值得每一位教师敬佩！

改革开放四十多年来，各种外国教育思想如潮水般地涌入中国，但是我国中小学教师仍然念念不忘苏霍姆林斯基。他的事迹和思想，只要是教师，看了无不为之感动。这是因为苏霍姆林斯基的教育思想具有科学性、人文性、先进性、深刻性、丰富性。他懂得儿童的心，并用自己的满腔热忱浇灌儿童的心灵。

苏霍姆林斯基教育思想的核心是人道主义。"相信人，相信每一个孩子"是他的教育信条。他说："我认为，对人漠不关心是最不能容忍、最危险的一种缺点。"他又说："每一个儿童身上都蕴藏着某些尚未萌芽的素质。这些素质就像火花，要点燃它，就需要火星，……教育最重要的任务之一，就是不要让任何一颗心灵里的火药未被点燃，而要使一切天赋和才能都最充分地发挥出来。"

苏霍姆林斯基毕生为之奋斗的教育目标是培养真正的大写的人，使其得到和谐全面的发展。他认为，我们要培养的，不只是有知识、有职业、会工作的普通人，更是要培养真正的大写的人，就是有神圣的信仰、有高尚的精神生活、有理想、关心他人、关心集体、智力丰富、体魄健壮、懂得奉献、心地善良、有教养的人。在他看来，时刻不能忘记："有一样东西是任何教学大纲和教科书，任何教学方法和教学方式都没有做出规定的，那就是儿童的幸福和精神生活。"他说："我认为教育的理想就在于使所有的儿童都成为幸福的人，使他们的心灵由于劳动的幸福而充满快乐。"

苏霍姆林斯基非常重视学生的个性发展。他认为，学生不是抽象的而是具体的。学生的禀赋、才能、爱好和特长是各不相同的，要使它们充分发展，就要提供良好的条件。他说："教学和教育的艺术和技艺就在于揭开每个儿童的力量和可能性。"他在帕夫雷什中学不仅当校长，更主要是当教师。他从一年级教到十年级，在整个基础教育阶段始终陪伴在孩子们左右。他研究每一个孩子，根据每一个孩子的特点引领他们成为和谐全面发展的人。

苏霍姆林斯基的一生虽然短暂，但他充满智慧的教育理念和对教育事业的满腔热忱已然书写在人类的教育史上，永放光辉。

今天，在风云变幻的世界中、在多元文化的交汇中，更需要发扬苏霍姆林斯基的人道主义精神和爱的教育。正如联合国教科文组织2015年的报告《反思教育》中所说的：教育要尊重生命、尊重人类、尊重和平，为人类的可持续发展承担责任。

在我国教育迈入新时代的关键时期，教育科学出版社站在新的时代高度，以以往出版过的具有良好口碑的多部苏霍姆林斯基教育经典著作为基础，高标准重新策划编纂了这套"苏霍姆林斯基教育经典丛书"，我对此深表赞同。这套书不仅可以帮助广大教师全面系统地了解苏霍姆林斯基的教育思想，更有助于教育研究者们结合我国的国情和教育发展的实际，去推进教育改革，为培养新时代的和谐全面的创新人才提供有力的支撑。

教育科学出版社是一家专业集中度很高的教育出版社，在出版教育经典图书方面有坚实的基础和雄厚的积淀。我相信他们一定能够进一步整合优质资源，在内容的专业性、词语的精准性、语句的凝练性与生动性以及版式的精美化等诸多方面做进一步完善，为我国广大教师奉献一套了解、学习、践行苏霍姆林斯基教育思想的高品质图书。

2022 年 3 月 4 日

顾明远：我国当代著名教育学家，新中国比较教育学科奠基人，中国教育学会名誉会长，北京师范大学资深教授、博士生导师。

总序 Ⅱ

20世纪80年代，随着改革开放帷幕的拉开，一批优秀的国外经典教育名著的陆续引进，极大拓展了我国教育理论工作者的视野。一方面，先前人们知之甚少的欧美国家的教育理论著作接连问世；另一方面，带着新鲜血液的苏联教育理论著作也重新出现在人们面前。彼时，刚刚成立不久的教育科学出版社，基于对苏联教育曾经且仍将对新中国教育产生深刻影响的敏锐判断，遴选苏联教育理论著作中的瑰宝，及时出版了一些苏联教育经典著作，引领了我国教育界学习苏联教育理论的热潮。20世纪末，教育科学出版社精益求精，将更多的苏联教育经典著作整合在一起，成功推出了"20世纪苏联教育经典译丛"，更是将学习、研究和践行苏联教育理论的活动推向了高潮。"20世纪苏联教育经典译丛"包括赞科夫的《和教师的谈话》，巴班斯基的《教学教育过程最优化》，苏霍姆林斯基的《给教师的建议》《帕夫雷什中学》《要相信孩子》等数十部经典著作。二十多年来，这些经典的教育理论图书对我国的教育理论研究及学校的教育教学实践产生了极大的影响。其中，发行量最大、影响力最为深远的，则非苏霍姆林斯基的教育著作莫属。

苏霍姆林斯基的教育理论与实践体系是一个具有无穷价值的教育思想宝库。这一体系虽根植于苏联，其影响却几乎遍及世界。苏霍姆林斯基全面和谐发展的教育理论与实践对我国基础教育界的影响尤为突出。他毕生强调的"以人为本"的和谐发展观、"育人以德为先"的人学教育思想与实践对当今我国落实立德树人的教育根本任务极具借鉴价值。无论是诠释立德树人教育的实质含义,还是分析以人为本、德育为先、全面发展的教育目标,抑或是实施五育并举、五育融合,落实"双减"政策,我们都可以从这位教育大师的"活的教育学"中获得启迪。他坚持丰富人的精神世界,将道德高尚置于人的品质的首要地位;他主张德智体美劳五育必须相互渗透,告诫教师不仅要讲授知识,还要培养学生树立对知识的正确态度,强调学校里的学习不是毫无热情地把知识从一个头脑里装进另一个头脑里,而是师生间每时每刻都在进行的心灵的接触;他提出人格必须用人格来影响,教师的人格是进行教育的基石,学生是教师教育教学工作的一面镜子;他坚信自我教育是人全面和谐发展的重要动力,必须唤醒学生内在的学习愿望和憧憬幸福人生、争做好人的愿望;他思考家庭教育的意义与潜能,探究学校、家庭、社会的教育合力……。总之,在培养德行为先、全面和谐发展的人方面,苏霍姆林斯基的教育遗产是当之无愧的教育百科全书。

苏霍姆林斯基善于以通俗、精准、趣味、平实、触动人心的语言将自己的教育理念、教育主张和教育实践鲜活地呈现于著作中。研读他的著作,总有一种置身于教育现场,随时与其对话、产生共鸣的亲切感,我们用"常读常新""常读常悟"来概括读后的感受一点也不为过。翻开这些著作,就仿佛走进了大师的教育现场,按下了聆听手把手式的师徒辅导、教育解惑、教学答疑的"直播按键"。大量生动形象的案例及分析使人身临其境,仿佛在与大师共同思考、共同感受对教育的追求,对学生的热爱,对教师的认同,对人性的尊重。我们总能从中获得一些表达感悟的关键词:喜欢——其娓娓道来的生动描述令人喜欢上教育;思考——其议叙结合的丰富内容能促使人不由自主地思考教育问题；发现——其关于教育现象与本质的深入思考能让人发现教育中的问题和美；创造——其用经验与智慧建构的教育现场能引起人强烈的参与、对比、探究和创新的欲望……

苏霍姆林斯基的名字在20世纪50年代就已经走出苏联，走向了世界。半个多世纪以来，他的著作已经被翻译成59种文字，总发行量早已超过500万册。但就国际知名度而言，苏霍姆林斯基的名字在中国无疑是最响亮的，即使是在他逝世五十多年后的今天，他的名字在我国教育界依旧光鲜响亮，苏霍姆林斯基依然被推崇、被爱戴着。

2020年是苏霍姆林斯基逝世50周年，按照国际版权公约，他的所有著作此后均进入公版。国内掀起了新一轮苏霍姆林斯基著作的出版热潮，其中夹杂着一些蹭热度、以追求高商业效益为目的、品质不高的图书，客观上给广大中小学教师选择高品质的苏霍姆林斯基教育著作造成了不少困惑。

基于新时代广大教育工作者研学苏霍姆林斯基教育思想热情持续升温的新形势，教育科学出版社及时做出研判，决定对原有的苏霍姆林斯基教育经典著作进行全方位升级。一方面，依托长期以来在苏霍姆林斯基教育著作出版方面的雄厚积累，进一步整合优质资源；另一方面，推出几部苏霍姆林斯基原著的最新译本，展示苏霍姆林斯基教育思想的更多侧面。所有这些工作将促成"苏霍姆林斯基教育经典丛书"的全新面世。感谢教育科学出版社为广大教育者奉献出一套符合我国教育发展时代节奏的、内容全面系统的，有助于广大教师学习、领悟、践行的苏霍姆林斯基教育思想的高品质的图书。

教育科学出版社不仅是国内最早出版苏霍姆林斯基译著的出版

社之一，而且也是创造苏霍姆林斯基教育著作中文版发行量之最的出版社。四十余年间，仅《给教师的建议》单行本就数次再版，发行总量已超 200 万册。这个数字本身不仅显示了苏霍姆林斯基教育著作对中国教育的影响力，同时也是对出版社高标准的图书编辑质量和高品质的图书出版水平的最好证明。

我认为，教育科学出版社出版的这套丛书不仅高度契合"弘扬教育学术，繁荣教育研究，传播国内外先进教育理念，促进中国教育改革与发展"的出版理念，而且充分体现出了教育科学出版社的责任担当与使命担当，为新时代中国教育改革的深入推进提供了聚焦现实、定位精准的教育服务和高品质的精神食粮，必须为这种"对使命负责、对学术负责、对专业负责、对读者负责"的举措点赞。我也和广大读者一样，热切期待全新的"苏霍姆林斯基教育经典丛书"早日出版。

毋需多言，苏霍姆林斯基教育思想宝库这份"活的教育学"富有强大的生命力，它可以留给历史、影响现在、启迪未来，它可以跨越时空、穿透教育、浸润心灵。

2022 年 3 月 8 日

肖甦：北京师范大学教授、博士生导师，中国教育学会比较教育学分会苏霍姆林斯基教育研究会会长，乌克兰"瓦西里·苏霍姆林斯基奖章"获得者。

致 读 者

亲爱的读者——年轻的教育工作者和少先队辅导员们！

我把这本书献给你们——即将投身于塑造人的灵魂这一崇高事业中去的同志们。这本书是我在深入总结25年来我所热爱并为之献身的教育工作时写下的。

我的工作既给我带来过欢乐，也给我带来过忧伤。我曾不止一次地因为对某个不守纪律、懒散、不听话、任性的孩子束手无策而感到极大的不安、懊恼，有时甚至真正地感到痛苦。这种孩子有时对老师的规劝、教诲、严厉申斥、惩罚，甚至对集体的尖锐批评，都采取带有挑衅性的粗暴态度，或者表现出满不在乎的样子。他们不仅对自己的不体面行为不肯做任何自我批评，反而给人造成一种以此为荣、以此炫耀自己的印象。

每遇到这种情况，我就更深深地感到需要好好地探讨一下这样一些问题：怎样才能让好的东西在孩子身上占优势；沿着什么道路才能使培养对象把高尚的行为作为一种需要；怎样才能把人类在道德方面积累起来的，丰富的，取之不尽用之不竭的经验传授给儿童；怎样才能把孩子们培养成积极为共产主义道德而奋斗的战士。

这些问题汇总起来，就是一个教育工作者应该怎样对教育对象施加影响的大问题。这个问题在任何时候都具有头等重要的意义。

年复一年的经验越来越证明：教师，甚至学校之所以对个别学生无能为力，其原因并不在于学生是不可救药的，而在于指导整个教育过程的方针是错误的。教师往往只致力于纠正缺点，最多是预防缺点。经验，更多的是痛苦的经验使我相信，通过这种途径是培养不出坚定的道德信念的。

对学生的错误行为采取一定措施，进行具有说服力的批评，这些做法，乍看起来都是为了把学生教育好。但是善良的动机，或者说仅仅靠善良的动机，未必能收到预期的效果。因为，每对孩子进行一次批评，实际上就是让他又一次加深了他是坏孩子、恶劣的孩子、十分讨人嫌的孩子的印象。因此，我们从成年人的角度越认为自己对某个学生的看法根据十足，恰如其分，就越会给儿童的心灵造成创伤，越会使儿童感到走投无路，无所适从，越会使本来缺乏经验的儿童今后的行动更冒失，更轻率。

我接触过成千上万名学生，但奇怪的是，留给我印象最深的并不是那些无可挑剔的模范学生，而是别具特点、与众不同，甚至在某些方面相当难于管教的孩子。这些孩子从表面上看，有许多"毛病"，如男孩子中常见的，不可驾驭的淘气、调皮捣蛋、不服管教等。但是，透过这些表面现象，我们就可以看到他们中的每一个人身上都潜在着这种或那种特殊的优点。生活实践使我们得出这样的结论：只要学校、教师集体和学生集体，尤其是教师在教育方面尽到努力，就可以也应该把每一个学生培养成为正直的、诚实的、热爱劳动的、坚强而勇敢的、忠于祖国和劳动人民的人。

通过生活实践，我逐渐坚信在教育工作中应遵循以下原则：

首先，从在学校工作的第一天起，就要善于发现，并不断巩固和发展儿童身上的一切好的东西。

如果用一个形象的比喻，可以这样说：通向儿童心灵的道路，不是一条只需要教育者及时铲除杂草（儿童的缺点）的、平坦而洁净的小道，而是一片肥沃的田地，儿童的各种优秀品德像幼苗一样，将在这块土地上逐渐成长。因此，教育工作者应该成为一个精心的播种者和耕耘者，应该去扶正那些正在成长中的幼苗的脆弱的细根，去爱护每一片急需阳光的绿叶。如果我们能让儿童的各种优点像幼苗分蘖似地迅速分枝，那么，他们身上的缺点就会自然而然地被连根除掉。对于儿童来说，这一过程是在不知不觉中进行的，因而也就不会出现什么不健康的现象。

其次，在对一个集体进行教育时，必须了解这个集体中每一个儿童不同的精神世界，细心地教育每一个培养对象。

对每一个人的教育是和对整个集体的教育分不开的，但在一定意义上，对个人的教育是教育工作中的一个特殊领域。

以上各项原则，我不仅贯彻在我自己直接的教育工作中，也就是作为校长——学校里起主导作用的教育者的工作中，同时在我们帕夫雷什学校各位教师和少先队辅导员的工作中也都得到了贯彻。

我们认为热爱劳动、积极完成社会所需要的每一项任务，具有个人自尊感，随时随地关心别人，对同志富有同情心等，是形成儿童道德面貌的最重要的、起决定性作用的条件。因此，培养和发扬这些优秀品质，就是我们进行教育工作时所应注意的主要问题。

译者的话

本书是苏联教育家、苏联教育科学院通讯院士 B. A. 苏霍姆林斯基在帕夫雷什中学任校长期间的经验总结，是他在 25 年来所"热爱并为之献身的教育工作"中写下的动人诗篇，是他献给"即将投身于塑造人的灵魂这一崇高事业中去的同志们"的珍贵礼物。全书不仅自始至终突出了"要相信孩子"这一鲜明主题，而且以生动事例回答了下列问题：如何让好的东西在孩子身上占优势；沿着什么道路才能使培养对象把高尚行为作为一种需要；如何才能把人类在道德方面积累起来的无尽的宝贵经验传授给儿童；如何才能把孩子们培养成积极为共产主义道德品质而奋斗的战士。

本书涉及教育学、心理学方面的许多原理，但却不是单纯的理论性阐述，而是紧密联系实际地通过一个个动人的故事把读者引入了特定的环境，使人在不知不觉中受到了教育和启示。

在当前强调对学生进行思想教育之际，我将此书译出，供中小学班主任、少先队辅导员及负责学校政治思想工作的同志们参考。

本书书名直译为《要相信人》，我根据全书总的精神译为《要相信孩子》，各篇篇目在翻译时均有所更动，特此说明。

译者水平有限，文中如有不妥之处，欢迎批评指正。

目　录

要爱护儿童敏感的心灵 1

如何形成良好的集体 17

一个顽童的转变 23

引导儿童自觉地改正错误 32

不要轻易惩罚孩子 37

集体的威力 45

教育孩子学会关心他人 53

少先队员的社会义务 70

共青团员的道德准则 79

教师要善于发现每个孩子的特长 88

如何对待在校期间未能教育好的孩子 98

学校应对毕业生负责到底 103

要爱护儿童敏感的心灵

我开始教师工作的时候刚刚17岁。那时我在五年级各班担任语言文学课教师并兼任少先队辅导员。

我第一年在少先队工作时，曾发生过一件令我终生难忘的事情：

一个一向沉默寡言，看来有些孤僻的五年级学生沃洛佳打伤了同班同学谢廖沙。事情发生后，沃洛佳一直执拗地沉默着，不愿对干出这件事的原因做任何解释。谢廖沙也一言不发，但在向教师告状时却再三重复说沃洛佳平白无故地就把他狠狠地揍了一顿。

当时我对孩子们之间错综复杂的相互关系还不是很了解，因此轻信了谢廖沙，认为这次打架应该怪沃洛佳。于是我把作为一个教师的仅有的武器搬了出来对付沃洛佳。我决定向全班做一次训话，并认真地做了准备。我把沃洛佳形容成一个没有感情的、粗暴的、欺侮弱小同学的孩子。我坦率而发自肺腑的谈话果然对全班同学起了作用。我很满意，我感到班上的孩子确实越来越相信沃洛佳是不对的了。

但是同学们越这样看，沃洛佳脸上的表情就越是明显地使人感到他不是心悦诚服，不是后悔，不是希望教师原谅他。相反地，他有的只是恼怒。他自负地认为自己是正确的，并下定决心今后仍不和大家在一起。他的这些情感都毫无掩饰地、清楚地表现在他那万分激动的直接向我投来的目光里。

在我看来，沃洛佳根本没有像样的理由可以证明自己是正确的。因此，我把他坚持自己意见的表现看作是固执，而没有看成是优点，即儿童应有的顽强性。我为了改变他固执的态度，继续分析他的行为，把他说成是一个没有勇气请求同学原谅自己的顽固儿童。

这种严厉的谴责我事后才明白是不公平的，它使沃洛佳再也不能忍受下去了，他从座位上跳起来，压低了声音激动地说：

"我可什么也不怕，我不说话绝不是因为我害怕。谢廖沙自己清楚我为什么要那样揍他，他没有把真情说出来。"

一次准备得如此充分的教育活动就这样彻底失败了。我与其说是立刻明白了，不如说是感到了沃洛佳是对的。因为只有坚信自己是正确的人才有可能这样坦率地说话。后来我了解到沃洛佳果真是正确的。

沃洛佳的这件事使我回想起过去我和孩子们之间，以及个别同学之间发生过的大大小小的冲突。是沃洛佳使我学会了非常重要的一点，那就是：为了关怀儿童，不仅要理解他们的精神世界，而且还要学会用他们的思想和感情来生活，把他们的忧伤、焦虑和为之激动的事情统统装在自己的心里。也就是像俗话所说的那样要"设身处地"地为他们着想。

从此以后我懂得了，教育者不应该是一个不动感情的，只按着某些具有抽象公正性的原则办事的审判官。教育者应该是一个活生生的人，一个和孩子们一样对周围事物有喜怒哀乐反应的人。一个真正的教师有时也会因一时不慎而犯急躁，但只要他是出于好心，孩子们是会谅解的。但是孩子们对教师冷若冰霜的不动感情的态度和冗长的说教，对他们总想站得比孩子们高一头而不为他们的事情动心的态度是从来不谅解的。

随着我对儿童内心世界不断深入探讨，随着我逐渐学会用他们的思想和感情来生活，我越来越明确了我们从事教育工作的人的一条十分重要的真理：在了解儿童内心世界的时候，不应伤害他们心灵深处最敏感的地方——人的自尊感。不恰当的，没有分寸的关心，如果伤害了儿童的人格、自尊和自豪感，那么也会像直接的侮辱一样刺伤儿童的心灵。在我所工作的帕夫雷什中学里，我们是通过培养学生的自尊感来和上课回答问题时彼此提示、课下互相抄作业和考试作弊等现象做斗争的。我们在开学后的前几个星期里就培养儿童以独立完成作业为荣的感情。这样做的结果是孩子们自己就会气愤地拒绝那些想要在他们做书面作业时偷递小抄，或是在他们口头回答问题时进行提示的"好心的"同学。如果教师想要采取这种方式"帮助"同学，就更不妥当，更不得体了。遗憾的是，我在一节地理课上见到了一次表现得十分明显的这类"帮助"。课上教师要求七年级学生按照暗射图回答问题。但是教师特许一位久病的女同学按一般的地图回答问题。这个女同学把地图打开，挂到墙上之后就结结巴巴地回答起来。她答着答着忽然哭了起来。因为教师对她的宽容使她感到受了侮辱。此后很长一段时间她都不再信任这位地理教师，后来经过教师所做的大量的细致工作后才恢复了和这位同学的正常关系。

至于教师因没有发现自己的做法不妥当、欠周到而使学生越来越疏远自己的例子，在学校生活中就数不胜数了。十年前在帕夫雷什学校里发生了一件我永远不会忘记的事情：

那是在一年级第一堂课上，40双眼睛全神贯注地望着教师。孩子们屏住气息听教师介绍学校的情况和学生守则。当教师讲到手、耳朵、衣服都要保持清洁时，所有的孩子都把自己的手放到桌面上仔细地端详着，还相互地检查着。这时女教师发现一个坐在前排的、黑眼睛的小男孩的耳朵很脏，她看了这个小男孩一眼就说：

"大家看，格里沙的耳朵多么脏！他没有洗耳朵就来上学，这样是不行的。"

小男孩的脸先是发红，后来就发白了。39个孩子同时看着他。从孩子们的目光里可以看出，有的是出于孩子特有的好奇心，有的则是出于同情。当时格里沙简直不知怎样才能回避这些目光，所幸没有一个孩子是幸灾乐祸的。

教师对她自以为成功的教育方法感到很满意。她想这样这个孩子就永远不会脏着耳朵来上学了。接着她又对孩子们讲应该怎样举手，教师提问时应该怎样起立，离开教室时应该怎样请求教师的允许。然而她既没有注意到格里沙一直到下课前都一动不动地坐在那里，也没有注意到格里沙已经不像在这之前那样目不转睛地注视着她的每一个动作。孩子的两只眼睛虽睁得大大的，但眼眶里却饱含着泪水。而教师却根本没有想到她的批评竟会使孩子伤心得连哭也哭不出来。这是格里沙生平第一次真正感到伤心。

第二天，格里沙没有来上学。教师对此并没有予以重视，因为除了格里沙以外，还有两个男孩子也没有来上学。第三天，格里沙来了，头发剃得短短的，脸洗得干干净净的，身穿一件白色的衬衣。他坐在那里显得有些紧张，呆呆地往一个方向看，也不知是在看课桌，还是在看黑板。可是教师却只注意到格里沙洗得干干净净的耳朵和手，忽略了他那拼命想集中注意力的样子绝不是一个7岁儿童所应有的。

一年级算术课上，孩子们都学会了数小棍子，并能从一数到十。只有格里沙数起来没有把握，常常出错，而且还摆不好小棍子，因为他的手老是发抖。他总觉得全班同学都在看他的耳朵，所以他把头垂得低低的。教师对这一切都毫无察觉，相反地她认为格里沙心不在焉，注意力不集中，因此还责备他说：

"应该集中注意力！"

晚上，教师到格里沙家里去，找他母亲了解格里沙前一天没有上学的原因。母亲解释说：

"他第一天从学校回来以后就哭了。我问是不是有人欺侮了他，他说他肚子痛，于是我就让他留在家中了。结果他真的闹肚子了，但很快就好了。后来他要求我把他的头发剃短，特别要求我把头给他洗干净，还有几次要我看看他耳朵后面洗干净没有。9月1日前，我因为不在家而没有来得及给他做好上学前的准备，开学那天他不是一个人去学校的吗？"

这次谈话还是没有使教师明白格里沙注意力不集中的原因。

一年级的孩子们开始按字母表认第一批单词了。格里沙早在入学前就已经在家里学会了几乎所有的字母，但在学校里他读得很不好，他声音发颤，而且总是吞词尾，有时甚至把整个音节都丢掉了。教师又批评了他。这次是说他懒惰、散漫。

"你在家里是根本没有念吧？不能总这么懒呀！"

字母在格里沙眼前跳动了起来……而女教师却怒不可遏。于是她又去找格里沙的母亲告状，说格里沙懒惰，注意力不集中，还说他性格有问题。

女教师所采用的方式是错误的,这严重地伤害了格里沙。可是她不但没有改正自己的错误,反而一而再、再而三地继续不公平地谴责格里沙,从而也就更加深了她自己的错误。

期中考试时,格里沙的算术和阅读都是2分。在校务会上,女教师把格里沙成绩低劣的原因归咎于他的懒惰、粗心大意和注意力不集中。发成绩单后的第二天,格里沙的母亲就来找我了。她坚决要求我把她的孩子调到其他班里去。起初,她一直不肯说出要求调班的原因,后来她才把情况原原本本地说了出来。原来格里沙终于把自己的伤心事告诉了妈妈,向妈妈倾诉了自己极大的委屈。他含着眼泪重复地对妈妈说,所有的孩子都看着他的耳朵。

我们在教务会议上讨论了这件事。大家就教师在工作中应如何掌握分寸,还就儿童的自尊心、儿童的苦衷如何会引起儿童的痛苦等问题严肃地交换了意见。这件事情告诉我们,教师对自己所说的每一句话和所提的每一个意见都应该慎重从事,考虑再三。儿童的心是敏感的,这颗心可以吸收一切好的东西。如果教师能引导儿童向好的榜样学习,启发他们效仿一切好的东西,那么儿童的身上所有不好的东西都可以不经过任何痛苦地,也就是不使儿童的心灵受到伤害,不使他们感到委屈地自然消失。这位女教师在教育方法上所犯错误的根源在于她对待儿童采取了冷漠无情的态度,她不应该在全班同学面前把格里沙作为反面教材。

事实上这件事完全可以采取另外的方式来处理:比如让孩子们看一看某一个手洗得干干净净的小男孩,或者看一看某个穿得又干净、又整齐的同学,然后再号召大家向好的榜样学习。说话的时候,教师可以有意识地看格里沙一眼，用自己的目光向格里沙示意。

这位教师的错误还在于没有注意、没有理解儿童的苦衷。这种错误是教师们经常容易犯的。他们往往批评了某个孩子之后就把这件事忘掉了。

教务会议决定把格里沙调到另一个平行班里去，正像大家所预期的那样，格里沙果然是一个既用功勤奋而又细心的学生。尤其突出的是，过去被那位女教师认为没有数学才能的格里沙，在五、六年级时就恰巧在数学方面表现出了极大的才能。

要想让儿童形成良好的道德面貌，必须发展并巩固儿童自我尊重的感情。任何一个考虑问题周全的教师都知道，每一个学生，哪怕是一年级的小学生，即便他感到教师对自己的印象不像自己的实际表现那么差，他的自尊心也会受到极大的伤害。相反地，如果儿童不仅知道而且体会到教师和集体对他个人的优点既注意到了，又很赞赏的话，那么他就会尽一切努力变得更好。事实上，教育技巧的全部奥秘也就在于如何爱护儿童这种积极向上的精神和努力提高道德水平的积极性。反之，如果儿童自己不想学好，那么任何一个教育者也无法硬让好的东西在儿童心里生根。因此，只有在教师和集体都能首先看到儿童身上的优点的地方，儿童才可能出现这种积极要求向上的热忱。

在我的记事簿里记载着许多孩子的事例。这些孩子后来都成了优秀的少先队员、共青团员，或者是捍卫祖国的英勇战士。但是他们之中没有一个人在童年时期没有犯过错误或者干过错事。下面我将谈到一件发生在20年前的事情：

三年级学生柯利亚是家兔饲养小组的热心成员。他十分精心地照看着这些小动物，每当母兔需要特别照管时，他一天多次来到学校的教学实验养兔场。一次，这个热爱劳动的小男孩竟偷走了一对兔子。这件事他在和我谈话时当面向我承认了。是什么想法驱使柯利亚偷兔子呢？这使我回想起柯利亚曾经准备为他最心爱的兔子做个新笼子，希望每天都能照看它们的事。正是在这种想法的驱使下他才下决心把兔子拿回家去。这种行为当然不能称为偷窃。柯利亚做这件事情的动机里既有应该受谴责的一面，也有纯洁的一面，二者交错在一起。他拿走了集体所有的东西，这是该受谴责的，但是他这样做却是为了更好地照看兔子，为了给学校繁殖更多的小兔子，因此我认为没有必要把这件事告诉给班集体。因为孩子们完全可能不理解这件事情的复杂性。

我帮助柯利亚认识到他这样做是不好的，并建议他把兔子拿回学校来悄悄地放回到笼子里去。养兔小组的孩子们见到兔子又在笼中之后感到很惊奇。我在大家都很高兴的时候提出一个建议：每个孩子可以自愿地拿一对兔子回家去饲养，并繁殖出小兔子，三四个月以后，大家再把原来领回去的一对兔子连同繁殖出的小兔子一起送给集体农庄，或是送给每年夏天在学校里组织的夏令营。

孩子们非常高兴地接受了我的建议，每人领走了自己选中的一对兔子。柯利亚当然急忙拿走了他心爱的那对"多灾多难"的兔子。

一生中从未犯过错误的人是很难找到的。童年时期当道德面貌正处于形成阶段时，犯错误的可能性就更大些。但是儿童们的任何行为都不能与成年人的类似行为相提并论。儿童中出现的偷窃现象和成年人的类似行为绝不是一回事。如果对待儿童的错误行为像对待成人一样进行揭发和谴责，那么在儿童敏感的心灵中就会长时间地，甚至终身留下伤痕。犯了错误，又被公开批评过的儿童往往会变得沉默寡言，不愿意接近同学。更不好的是他们争取做好事的愿望和热情会因此而减退，甚至连争取做一个诚实而道德高尚的人的愿望也会随之削弱。因此在处理儿童各种不良行为时，对待偷窃问题必须特别慎重，特别细致，特别有必要深入研究儿童的内心世界。

每一个儿童都有自己的缺点和弱点。有的习惯于把今天的事拖到明天去做；有的喜欢在课堂上说话；有的认为把最亲近的伙伴拉到一起淘气是最大的乐趣；有的怕困难，不愿自己独立解习题而愿去抄别人的，等等。因此有时使人感到儿童似乎是在从干坏事中寻找乐趣。事实绝非如此。尽管儿童的生活经验极其贫乏，但7岁的儿童已经完全懂得缺点对一个人来说并不光彩，因此总想方设法掩盖它，尽量不让集体察觉，以免受到大家的谴责。

有些教师尽量想通过直截了当的，似乎是最可靠的方法来改正学生的缺点。他们把孩子的弱点公之于众，希望儿童自己以批判的态度来评论自己的行为，"醒悟"过来，然后努力改正。但在绝大多数情况下，这种教育方法是最不成功的，因为这样对待儿童的心灵，就好比把他们最敏感的地方——自尊心、个人尊严、自豪感统统暴露于外，并使之受到伤害。这样做的结果是儿童会很自然地将他们自己保护起来，尤其是当他们确信自己有了痛苦而教师反倒觉得愉快时更会如此。

有时儿童感觉不到成年人的尊重，而又不善于把自己在道德方面的优点表现出来，所以便想出各种方法来引起别人对自己的注意。最常见的方法就是干一些不好的事情。

这样的儿童是很难教育的，他们总愿意做那些不允许做的事情，而要求做的事他们却偏偏不干。有时甚至把事情弄到可笑的地步。比如有一次，一位班主任在一次到森林里去的集体野营活动中，为了摆脱一个令人讨厌的调皮孩子米沙，故意采取命令他必须参加这次活动的方法，不出所料，米沙果然没有到森林里去。跟教师对着干已经成了米沙行动的主要准则。米沙的执拗和不听管教常常超出了应有的限度。为了他一个人，整个班集体的工作都无法正常开展。我们经常请米沙的母亲来学校，同时也尽量开导米沙本人，但是这些做法都没有收到明显的效果。每一次都往往是米沙的母亲无可奈何地两手一摊，米沙紧锁眉头避而不答。最后米沙虽做出改过的保证，但显而易见，这种保证纯粹是为了尽快摆脱这场使他心烦的谈话。

久而久之，本无恶意的孩子式的淘气逐渐变成了严重的不良行为，孩子气的自由散漫逐渐变成了懒惰和游手好闲。我们就如何教育米沙这个任性而执拗的学生的问题进行了多次讨论，这是一个使我们整个集体都为之焦虑和不安的问题。

米沙不信任教师，这是大家都不怀疑的。他对人有戒备之心，总是抱着怀疑的态度。但他是否从来如此呢？不是的，他并非从来如此。是强加在他身上的教育使他变成了这个样子。米沙的母亲一味地对他吹毛求疵，责怪他、埋怨他。我们教师也是如此。无论给他提什么意见，教师总是带着责怪和不信任的口吻，或者是用善意的开玩笑的形式，但这种带有宽容意味的善意的玩笑更使米沙难以忍受，因为他除了从中感到对他的不信任外，还感到了大家对他的嘲笑。

当米沙没有完成作业时，教师对他说：

"我早就知道，米沙准是又忘了……"

当米沙作业完成得好的时候，教师当然是满意的，但说话时又表示出惊讶的感情：

"米沙终于下决心好好学习了……"

总之，随时随地都有各种各样的小事使米沙想起自己是有一大堆缺点的孩子，这就使米沙和教师以及和集体之间本来就紧张的关系变得越来越紧张起来。

个别教师认为，不能再让米沙继续留在学校里了。而教师集体不同意这种观点，他们认为米沙读完七年级后，一定要让他升入八年级，并改变对他的教育方法。

当时学校正在盖一幢新楼房，我故意请米沙到工地去清点一下存砖的数目。米沙对我的请求感到不知所措，但还是完成了这次任务。清点后，米沙发现所存砖数不多，用来砌墙只够两三天。我焦虑地说：

"怎么办呢？拉砖要到工厂那边去，可是现在又派不出人来。"

我希望米沙能从我的话里听出我在请他帮我出主意，帮我解决这个问题。我希望他能把我当成一个向他求援的长者，而把自己当成一个劳动者。但是他的脸上却显出了迷惑不解的神情，他不理解这一席谈话的用意。紧接着，这种迷惑不解的神情又变成了难以掩饰的惊慌。他在尽量揣摩校长究竟给他设下了什么圈套。于是我又一次对派不出人来而表示焦虑，又一次用征询的目光看了看他的眼睛。

"要是咱们同学里有人能答应去拉砖又不耽误上课就好了。"我自言自语似地低声说道。

空气紧张到了极点，现在不是米沙，而是轮到我需要掩饰自己的不安了。我不安的是不知米沙究竟会不会响应我的号召。

米沙沉默不语。再这样继续考验下去是不行的，米沙什么也不会说的。我这一番本来是极其平常的话在米沙心中却引起了极大的波动和不安。

谈话以后的两小时，我来到米沙所在的班，和班里的同学们又一次谈到学校建筑工地上的困难，建议他们自愿报名参加夜间劳动，而且次日清晨照常来校上课。这是一次可以表现勇敢精神和意志力的好机会，它对14—15岁的孩子是很有诱惑力的。孩子们的手都举了起来，好像森林里的一棵棵树一样。在自告奋勇者的行列中也有米沙。他的面部表情似乎显得很无所谓，眼睛里也没有表现出任何热情，但是不难看出，他经过很大努力才掩饰住了各种矛盾的感情在他心中所引起的极大波动。

我从报名的同学中挑选了10人，其中包括米沙，并让他们课后集合起来。

显然这种做法加重了同学们的负担，但这是极其特殊的情况。此外，为了培养勇敢坚毅的精神和为实现崇高理想而奋斗的决心，也应该让孩子们克服一些真正的困难。

孩子们兴高采烈，三五成群地来到集合地点，唯有米沙一个人显得郁郁寡欢。我宣布说，这次任务没有教师带队，由同学们自己独立完成，因此责任重大。我的这一宣布使孩子们的情绪更为激昂。

"你们的领队是米沙。"我最后说。

我以为这一决定会使孩子们感到惊讶，但是相反地却响起了一阵愉快的欢呼声。米沙的表情更严肃起来，只是眼里透出了一点儿热情。

孩子们从当天晚上10点，一直干到次日清晨5点，中间休息了几次。孩子们回到家时已经7点，而8点钟就又来学校上课了。教师有意识地不提问参加劳动的孩子，可是这些孩子却把手举得高高的，而且还为没有被提问而感到不高兴。虽然孩子们的眼睛都几乎睁不开了，但还竭力表现出并不困的样子。

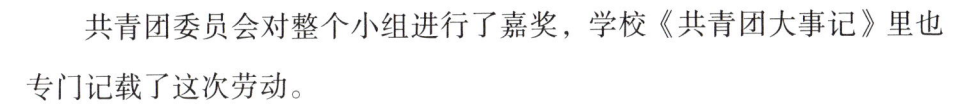

共青团委员会对整个小组进行了嘉奖，学校《共青团大事记》里也专门记载了这次劳动。

从此以后，米沙像其他使我终生难忘的任性孩子一样，开始了他艰苦的长期而曲折的转变过程。

此后，他还是像以往一样，凡碰到触动他自尊心的事情就十分敏感。当我们偶尔忽略了他的这一特点时，他就又表现得很粗鲁，很不听话，甚至故意让人看到他的毛病，但这种情况毕竟越来越少了。共同的目标和共同的意志逐渐把教育者和被教育者联合起来了。

在生活里我们常常会遇到所谓不可救药的孩子，他们被周围的人谴责，有时还使周围的人发怒。

我常常回忆起几个最难教育的孩子和他们的经历。他们在连续几年中一直属于难教育的学生，但是最终走向生活时却变成了诚实而热爱劳动的人。

现在我还能经常见到我们区里一个拖拉机队的队长弗拉季米尔，他是集体农庄里的劳动能手之一。他所领导的队正在为争取"共产主义劳动集体"的称号而奋斗。每当我见到弗拉季米尔时，我都不由得想起他刚转到我们学校四年级时的情景。他刚来不久，教师就说弗拉季米尔可能很难于管教。当时班上的孩子们正忙着准备观看两个少先队小队演出的文艺节目，大家正在准备服装，练习歌曲。虽然孩子们已经和弗拉季米尔认识了，但却没有一个小队邀请他去，于是弗拉季米尔就站在外面从窗户往里张望。他一边看，一边学着猫叫，把同学和教师都惹恼了。为了惩罚弗拉季米尔，教师没有允许他去看文艺节目。

教师对弗拉季米尔的教育就仅限于此，而且为了避免班集体受到他的影响，教师甚至不让孩子们接近弗拉季米尔。弗拉季米尔感到大家都有意回避他，就越发想显示出他的机智和敏捷，经常想出各种意想不到的方法来引人注目。

五一节快到了，四年级的少先队员被派往森林里去为篝火晚会准备干树枝，并把弄回来的干树枝堆放在篝火晚会会址附近。接受任务以后，大家又很自然地想把弗拉季米尔排斥在外，唯恐他会想出什么花招来故意捣乱。全班同学乘坐三辆大车到森林里去了。弗拉季米尔一个人穿过草丛和沟穴向森林奔去。半路上他不知从哪里捡到了一个羊脑袋，于是他把自己装扮成一个可怕的怪物，忽然从小树林里钻出来，把两个小姑娘吓了一大跳。

节日前的那天早上，村边忽然出现了火光。原来是少先队为篝火晚会准备的干树枝着火了。

孩子们气极了，他们跑到我面前愤愤地说：

"一定是弗拉季米尔干的，除了他谁也干不出这种事来。"

我认为出了这样的事情教师有责任，我更有责任。我们都忽略了弗拉季米尔积极要求参加各种活动而又难以满足的强烈愿望，忽略了他因为教师对他不信任而采取的虽然不可原谅但却十分合理的强烈反抗。这难道不是我们工作中的缺点吗？

我和弗拉季米尔谈话后证实，干树枝确实是他点着的。但此时他已不再逞强了，只是为他造成的后果感到害怕。当然，就这一行动本身来说，弗拉季米尔完全应该受到严厉的惩罚。但是，如果仅仅采取惩罚的措施，必将使弗拉季米尔进一步脱离班集体。不仅如此，而且会引起他再一次采取某些愚蠢的、不理智的行动来表示反抗。因此，我们决定暂缓对他的错误行为进行惩罚。

我和同学们进行了谈话，说服他们同意暂时不惩罚弗拉季米尔，因为第二天就是节日，首先应该考虑如何把篝火晚会需要的干树枝运回来。

我对孩子们说：

"弗拉季米尔犯了严重的错误，现在他已经认识到自己的错误，愿意接受惩罚。他请求让他一个人到森林里去把树枝运回来。"

孩子们都表示同意。第一次，弗拉季米尔单独一人运回了干树枝，第二次和第三次他就有了帮手，班里的同学自愿帮助他。干树枝终于又准备好了。开篝火晚会时弗拉季米尔是最早来到会场的一个，他心情愉快，情绪高涨。同学们把粗大的树枝都交给弗拉季米尔劈，他都努力地完成了任务。

此后一连几天，弗拉季米尔都主动认真地完成班集体交给他的最重、最没有人愿意干的活。就这样，他逐渐地参加到集体生活中来了。对于这种转变，无论是他自己还是班上同学都没有感到任何不自然。从此，弗拉季米尔旺盛的精力被引导到干好事而不是干坏事上来了。

过了一个月以后，教师对弗拉季米尔进行了惩罚：一星期不得参加学校的任何活动。多数孩子主张免除对弗拉季米尔的处分，但我仍坚持对这种行为必须进行惩罚的原则。孩子们对将要离开集体整整一周的弗拉季米尔非常同情，就像对待遭受了什么不幸的孩子一样。弗拉季米尔也很痛心，但他认为这次惩罚是他自己的错误行为所造成的、必然的、不可避免的后果。一犯错误就立即进行惩罚，往往容易因一时冲动缺乏深入思考和仔细斟酌而做出不恰当的决定，而且也会引起孩子们的骚乱和强烈的情绪波动。这次对弗拉季米尔的惩罚则避免了这种弊病。

离开集体一周的惩罚，使弗拉季米尔深感难受，他非常想念集体，一星期的时间长得几乎无法挨过。一星期以后，弗拉季米尔回到班里，同学们把他的归来简直当成了一件大喜事。

所以我认为处理任何问题都要等感情平静下来以后。如果学生所犯的错误不大，几天以后我们就会觉得当初决定进行惩罚是错误的，甚至是可笑的。如果学生所犯错误确实应该受到惩罚，而且过一星期以后，我们仍然会认为非进行惩罚不可，为时也不晚。此外，即使是进行处分，我也主张对待被处分的孩子要像对待遭到不幸的孩子一样，对他采取同情的态度。我一般总是这样做：一方面对发生的事情表示惋惜，同时又坚持不渝地贯彻一个原则，那就是和犯错误的孩子保持一种纯洁而高尚的人与人之间的关系。这样，犯错误的孩子就能把处分看成是一种必要的措施，从而可以深刻地认识自己的不良行为，把自己所做的坏事真正当成一种错误来对待。

对儿童无微不至的关怀并不是原谅他们的一切缺点和错误，也不是对他们的错误进行毫无休止的说教。不认真考虑儿童今后前途的一味的善心，实际上等于对他们采取漠不关心的态度。真正无微不至的关怀应该是培养儿童优秀的道德品质，并不断地使这些品质得到巩固。

如何形成良好的集体

我曾多次考虑过这样一个问题：为什么同一个孩子在有的集体里能意识到自己应该对同学们负责，珍视大家对他的信任，而在另一个集体里，他却对大家对他的看法和议论完全无动于衷？为什么那些最不守纪律、最懒散的孩子只要一旦进入一个好的集体，就会像脱了胎换了骨似地变成一个认真学习、诚实可靠的学生呢？集体的力量究竟在哪里呢？

生活的实践证明，一个集体越能在其各项活动中充分体现先进的社会思想，越能积极地作为社会中的一个小单位来开展活动，那么这个集体就越能起到教育作用。一个集体必须具有良好的道德风尚，有了良好的道德风尚，就能增强人的信心，使人相信自己是正确的。任何力量也比不上当人们意识到自己是在为一个崇高而正义的事业共同奋斗时那样能够把人们团结起来。对于团队组织的活动来说，以上诸点尤为重要，因为团队组织的主要任务就是要对年轻的一代人进行思想教育。

怎样才能在集体中形成良好的道德风尚呢？这个问题我们可以通过以下这个少先队的活动进行一定的探讨。

这个少先队中队里的教师开学后的头几个星期就成功地通过一项具有较大社会意义的劳动激起了学生们的劳动热情。教师是这样对孩子们说的："我们国家有许多许多的学生，如果每一个学生都能从地里捡拾起哪怕是一根麦穗，那么这些麦穗打出来的粮食就要用一百多节车厢来装载。"在教师讲完这番话以后，孩子们就纷纷开始捡拾麦穗。教师的这番话显然使每个孩子看到了自己所从事的劳动的价值，体会到了自己是在参加一项具有重大意义的工作。孩子们七嘴八舌地说：

"我又捡了10根麦穗，要是每人都捡10根，那么打出来的粮食要用多少节车厢来装呢？"

"我已经捡了20根了！"

"我要捡满满的一筐！"孩子们的心情之所以这样愉快，是因为他们意识到在这千百万名同学共同从事的劳动中也有他们的一份贡献。正因为这样，所以他们一个劲儿地要求教师回答他们："别的村里的学生是不是也捡麦穗呀？""他们捡了多少呢？"等问题。

几天以后，少先队大队委员会派了一名少先队员到这个班来协助教师工作。少先队辅导员对孩子们说，少先队员可以帮着做一些保护土壤的工作。孩子们困惑不解地看着辅导员说道："这件事我们干不了，这件事很难做吧！"后来，孩子们知道了他们的任务只是搜集槐树子，因此他们感到非常高兴。孩子们齐心协力地干了起来，他们的眼前出现了一幅未来的远景：今天在沟壑的斜坡上播下的槐树子将来就会长成一棵棵槐树，而槐树又可以保护周围的土壤。槐树子采集够了，种下去了。孩子们是以多么急切的心情盼望着槐树子发芽啊！槐树子终于发芽了！该管理树苗了。但这件事并不需要辅导员去提醒，因为孩子们已经全身心地投入到这一具有重要意义的劳动中来了。三年之中，他们一直自觉地管理着这些亲自种下的槐树。

是什么使孩子们如此热心呢？原因是多方面的：少先队辅导员——孩子们的大朋友树立了良好的榜样；教师多次阐述了劳动的意义；此外

少先队还组织孩子们和农庄林业队队长的见面活动。队长对孩子们说，我国每年都要增加几万公顷的绿化面积，孩子们听后，又一次感到精神振奋。因为在那无边的绿色海洋里，他们看到有一片丛林是自己种植的。

在管理槐树的同时，孩子们还进行了一些其他的社会公益劳动。这样，他们在参加少先队组织以前就完成了下列工作：帮助大田队一粒粒地精选了两公担[①]玉米良种；把30只椋鸟巢挂到了树上，冬天引来了益鸟，并负责喂养；铲除了1公顷护田林带上的杂草；负责管理2公顷果树；制作了数百个泥炭腐殖质营养钵等。教师和该班的少先队辅导员努力使孩子们明确这样一个思想，即在参加共产主义建设的同时，他们也就为加入少先队组织准备了条件。孩子们争取入队的志愿越来越坚定的另一个因素是：教师和少先队辅导员都满怀激情地给孩子们讲述了红领巾的历史；讲述了那些在对敌斗争中英勇捐躯的少先队英雄们的事迹；讲述了有关红旗——共产主义的标志的故事；还讲述了苏维埃人民是如何英雄般地进行忘我劳动的事迹等。

▲ 孩子们帮助大田队精选玉米良种

[①] 公担：公制重量单位。1公担等于100公斤。

如果一个集体中的全体成员都意识到自己是为了崇高理想而奋斗的队伍中的一员，那么这个集体也就有了一种最良好的风尚。这种良好的风尚足以对最不守纪律的、最自由散漫的学生施加影响，并使他转变过来。

比如，上述少先队中队里有一个小男孩，他曾经试图逃避管理护田林带里的树木这项劳动，这种行为激起了班集体的愤怒，全班同学立即对他群起而攻之。

在为加入少先队组织准备条件的过程中，孩子们还栽了很多小树，纪念那些在德国法西斯占领时期对敌斗争中牺牲的少先队英雄们。由于经过了长期的、目的性明确的准备工作，因此对孩子们来说，隆重的宣誓和戴红领巾的入队仪式就不仅仅是一种形式了。当每一个少先队员戴上红领巾的时候，都会意识到自己又承担了新的责任，而这正是令他们感到最愉快的事情。

有些少先队辅导员和教师抱怨说，有的孩子在第一次戴红领巾的时候无比激动，可是一两年以后，他们对少先队的活动却不感兴趣了。他们忘记了红领巾，甚至不好意思戴它。这种现象往往出现在那些只让孩子们完成具体工作，而不在具体工作中贯彻高度思想性原则的班级中。

本文所介绍的少先队中队的教师和少先队辅导员十分懂得以上道理，因此他们决心让少先队员们的热情永远保持在入队时的高度，永不下降。

比如，孩子们入队后，中队组织了一次和种植园甜菜小组组长见面的活动。见面后，孩子们决定在种植园的一块约100平方米的试验田里种植甜菜。每一平方米种8棵，每棵甜菜重8公斤。对于三年级下学期的孩子来说，这项劳动虽不是力所不能及的，但也不是轻而易举的。可

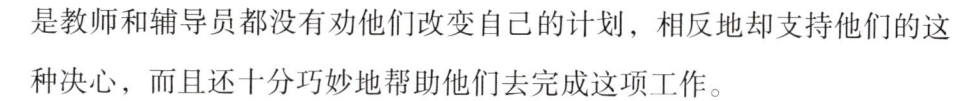

是教师和辅导员都没有劝他们改变自己的计划，相反地却支持他们的这种决心，而且还十分巧妙地帮助他们去完成这项工作。

就这样，通过一件又一件的工作，班集体逐步得到巩固，孩子们对自己力量的信心日益增长，永远向前奔的愿望也越来越强烈。

一个集体的精神面貌在很大程度上还取决于我们是否能够把祖国的发展前景反映到孩子们的未来生活和劳动中来，以及反映的程度如何。我们一贯尽力做到让那些激动全体苏联人民的事情也能激动我们的少先队和共青团集体。

我们就我国建设共产主义的七年计划所进行的一系列谈话激起了孩子们的热情，使他们也制订了一个少先队的七年计划。

每一个少先队中队都把他们在十一年制中等劳动技校以前通过集体的力量所能够为祖国、为未来做到的事情列入了计划中。下面具体介绍一个以少先队英雄瓦利亚·柯季克命名的中队的七年计划：

我们少先队中队的队员们将和全体苏联人民一起，为在我国建成共产主义而共同奋斗。现在我们正在四年级学习，我们保证在毕业以前对我国的七年计划做出自己的贡献，具体做到以下各点：

1. 七年中每个少先队员种 10 棵果树。
2. 开辟一个苗圃，为农庄和当地居民培育 6000 棵果树和绿化树苗。
3. 绿化村里的一条街道。
4. 在两条沟壑的斜坡上种上槐树，并负责管理。
5. 四至五年级学生每人每年为农庄积肥 10—50 公斤；六至八年级学生积肥 50—100 公斤；九至十一年级学生积肥 100—300 公斤。
6. 集体饲养 700 只家兔。

7. 协助畜牧场管理幼畜，看管5头小牛，把它们养大成奶牛。

8. 每年搜集5—30公斤果树和绿化树的树种。

9. 通过施肥，把1公顷贫瘠的土壤变成高产田，交给农庄。

10. 组织两个高产劳动小组，每年在农庄的1公顷地里收获不少于40公担的玉米。

11. 开辟出1公顷护田林带。

12. 在上完八年级以前，全体同学都要学会驾驶汽车和摩托车。

13. 在上完十一年级以前，全体同学都要学会驾驶拖拉机、康拜因机[①]，学会在旋车床上进行操作。

14. 每年负责在3公顷的果树园里消灭害虫。

15. 从五年级起，每年给农庄的畜牧场准备5—10吨青饲料。

16. 每个学生都在自己家里安排一个备有钳工和木工工具的工作角。

从以上这个少先队的七年计划里，我们看到了一个特殊的思想教育大纲，这个大纲适用于相当长的一段时间。在完成这些计划的过程中，在成年人恰如其分的参与下，一个个的集体将逐渐形成。这些集体越是坚强有力，就越能对每一个少先队员产生良好的影响。

而我们在思想教育方面最重要的任务就是巩固孩子们在崇高的共产主义思想鼓舞下产生的热情，让他们永远怀着高昂的激情度过童年和少年时光。但是，关于前辈们在战斗中表现出的英雄主义，关于他们在战场上和与旧世界恶势力斗争中立下的功勋，我们的孩子们仅仅是从书本里和长者的叙述中得知的。今天，建立新世界，即共产主义世界，是活生生的现实，因此我们必须指点孩子们应该在哪些地方去建立功勋。

[①] 康拜因机：谷物联合收割机，简称联合收割机。在50年代初被称作康拜因机。

一个顽童的转变

少数孩子对自己的缺点不但根本不想掩饰，反而似乎希望大家都能看得见，并且好像等着教师对他采取什么措施。这种孩子的前途是最令人担忧的。柯利亚就是这样的一个孩子。我对他的一切至今记忆犹新，仿佛他此刻就站在我的眼前。

那是战后的第一年。柯利亚的姨母把他送到我们学校来。开学一个月后，大家就都知道柯利亚是一个又懒又爱捉弄人的孩子了。秋天，高年级同学种树时，柯利亚故意把好几棵树苗的根弄坏，然后得意扬扬地把自己的"英雄行为"讲给班里的同学们听。为了找出那几棵被柯利亚弄坏了的树苗，高年级学生只得把已经栽好的树苗几乎全部又挖了出来。

又有一次，柯利亚伸手到一个同学的书包里去掏出了一本教科书，弄上好多蓝墨水后又放回书包去。干完这一切以后，他还睁着两只明亮而天真的大眼睛望着教师。大家都批评他这种行为太不像话，他却很动感情地气得哭了起来。

毫无疑问，这是一个属于"难于管教"的孩子。要想教育好这样的孩子，一个人的力量是不够的。在我们学校里，对这类孩子的教育一般都由全体教师共同负责。

首先，我们对柯利亚各种错误行为产生的原因进行了认真的分析。

大家认为柯利亚干坏事时那种幸灾乐祸的样子并非出自本心，而是故意做出来的。这个孩子的遭遇很不幸。他根本记不得自己的父亲，而母亲在几年前，当柯利亚还不到一岁的时候，就因犯了严重罪行而被判处剥夺自由十年的处罚。柯利亚一直跟着姨母过。他知道母亲犯罪的一切细节，因而失去了对人的信任。对于他来说，生活里没有任何东西是神圣的，珍贵的。从他开始记事时起，人们就对他说，他是一个学坏了的孩子，令人讨厌的孩子，不讲道德误入歧途的孩子。柯利亚为什么是坏孩子呢？那是因为他从来没有做过好孩子，也从来没有听见人家说过他一句好话。姨母把他当成包袱，教师最初也只有当他表现不好时才注意到他。

柯利亚入学后的表现使学校相信他确实不好，令人讨厌，让人难以忍受，而且根本不可能改好。其实，柯利亚在学校干坏事并不是因为他能从中得到什么满足，而是由于这样做已经成为他的一种习惯，因为他从来没有体验过干好事和干高尚的事后所能感受到的激动人心的愉快，更没有体验过当优点得到肯定时所能享受到的那种精神上的满足。

一次，柯利亚所在的那一个班到森林里去郊游。一路上，柯利亚不是推这个同学一下，就是踩那个同学一脚。因此，教师罚他走在队伍的最后面，不许他靠近前面的同学。柯利亚皱起了眉头，但确实老实了一点儿。他边走边拾些小石子往树上扔，不再推人，也不再踩人的脚了。当队伍来到一个很深的沟壑前时，教师开始给孩子们讲解什么是山谷，什么是丘陵，什么是山，什么是沟壑等。柯利亚站在后面，竭力想干出一件能引起大家对他注意的事。他走出队伍，来到峭壁前，往下看了一看。教师未动声色，她装着根本没有看见柯利亚的这个小动作，继续对孩子们说：

"孩子们,不要走近沟壑,这是很危险的,一不小心,就可能掉下去。"

教师话音未落,柯利亚就喊了起来:

"我就不怕,我一点儿也不觉得有什么可怕的!我早就跳下去过,现在我马上就要跳下去,大家看着呀!"

说着,柯利亚果然纵身跳入沟壑。女教师"啊呀"了一声,顿时脸色苍白。孩子们怀着畏惧和钦佩的两重心情走到沟壑前,而柯利亚却带着满身泥土正往上爬呢!教师本想不去理睬这个违反纪律的孩子,把全班同学的注意力引到某件事上来。但是,这种方法经过尝试是失败的,而柯利亚的行为却赢得了同学们的敬佩。几天以后就发生了上述的树苗事件。

在柯利亚身上,好的、单纯的、天真的东西和丑恶的、不能容忍的东西极不协调地交织在一起。在对他进行教育的过程中,我逐步认识到,是我们对柯利亚漠不关心、冷漠无情的态度引起了他的反抗,认识到我们应该尽一切努力激励柯利亚去干好事,去干具有集体主义精神的事,并为他创造条件,让他有机会体验到当一个人意识到自己的尊严时所能享受到的那种人生的真正愉快和满足。

一次,我装作事先毫无准备的样子,把柯利亚请到生物研究室来,让他帮我精选苹果树和梨树的种子。这是一项细致而又需要耐心的工作。我和柯利亚一起干了两个多小时,直到我们都累了才停下来。柯利亚虽然尽量想装出一副瞧不起育苗工作的样子,但他还是流露出对育苗工作的好奇心。一次,当女教师来到柯利亚家里时,看见他正在往一小块修整得很好的地里施肥、播种。教师的到来使他感到窘迫,他似乎为自己热爱劳动的行为感到不好意思。女教师帮着柯利亚把种子埋好,并按照他的要求不把这件事告诉任何人。但是，到了春天，当种子长出嫩芽的时候，教师发现柯利亚并不反对在大家面前炫耀一下他的苗圃。于是教师把孩子们带到柯利亚家里去参观他培育的幼苗。教师在全班面前表扬了柯利亚，说他努力劳动，而且取得了成绩。这次表扬对柯利亚起到了一定的作用，他发生了明显的变化。从此，他更加认真地继续管理着幼苗。一年以后，柯利亚上交给学校50株小树苗。这一年当然是很艰难的一年。柯利亚不可能一下子转变过来成为一个好孩子。在这一年中，我们和教师一方面尽量吸收柯利亚参加到一个个做好事的活动中来，另一方面让班集体见到柯利亚所做的好事，并给予肯定。

就这样，我们逐步摸清了柯利亚复杂且相互矛盾的性格和行为。

逗英雄弄坏树根和纵身跳入沟壑两件事说明，柯利亚有一颗敏锐，但有些过分容易冲动的心。这颗心随时准备响应一切召唤，我们需要在这颗心里播下渴望做好事和做具有集体主义精神的事的种子。柯利亚是一个勇敢而果断的孩子。我们就这样在把他的精力引向正确方向的过程中，沿着一条艰难的、崎岖不平的小路一步步深入到了他的内心世界。

有一次，孩子们到森林里去采集槐树子，准备随后在沟壑的斜坡上种满槐树。教师暗示孩子们说，大多数吹干了的槐树荚都挂在较高的树枝上，掉到地上来的只是少数。教师的话还未说完，柯利亚就已经爬到树上去了。他这样做，本来完全是出于故意不听从指挥，显示自己愿意怎样干就怎样干的目的，但教师却夸奖他说：

"孩子们，你们看，柯利亚真棒！他这就要给我们扔槐树荚下来了。"

柯利亚万万没有想到教师会表扬他……，但他已经来不及想这些了，孩子们早已围坐在高高的槐树下，柯利亚只好掰下一枝枝槐树荚扔到树下来。孩子们争先恐后地请求柯利亚说：

"柯利亚，扔给我呀！"

"柯利亚，就直接扔到我的帽子里吧！"

柯利亚干得十分起劲儿。后来还有一个孩子也很勇敢，也不怕刺。柯利亚显然在和他比着干。

两小时内，同学们从槐树荚里摘出两公斤的槐树子。柯利亚在干活时为了表现自己藐视危险的精神，从一棵树上跳到另一棵树上。人虽然没有摔下来，可是衬衫却被完全划破了。当小家伙从树上跳下来时，脸色苍白，一副惊慌失措的样子。起初教师感到很惊讶，继而明白了：柯利亚准是害怕了。划破了衬衫，姨母是饶不了他的，因此教师对他说：

"柯利亚，到我家里去吧，我给你换一件衬衫。要不，你姨母又该发脾气了。"

说话间，柯利亚已经镇静下来了。他那副惊慌失措的神情已经消失得无影无踪，取而代之的是一副装出来的满不在乎的样子。他粗暴地、气冲冲地回答教师说：

"谁要你的衬衫？没有你的衬衫我也能过。"

女教师这才意识到，柯利亚不能忍受别人用怜悯和宽容的语气对他说话，因为这会使他想起孤苦伶仃的生活，想起他在姨母家忍受的一切屈辱。

末了，教师又表扬柯利亚说，多亏有了他，全班同学才能采集到这么多种子，柯利亚听了却嘟嘟囔囔地说：

"我才不稀罕这些种子哩，要是我愿意，即便是弄上一普特[①]也没有

[①] 普特：重量单位。1普特相当于16.38公斤。

什么难的。"

第二天，班上同学又去林子里采集种子，柯利亚却独自到池塘里摸虾去了。

教师决定单独和柯利亚谈一次话，她告诉柯利亚说："现在班里又要去采集橡实了，可是让人发愁的是附近林子里橡实很少。"

"我知道哪里有橡实！"柯利亚高兴得眼睛都亮了起来。"就是路很远，要坐大车去才行。"

星期日，学校派出了两辆大车，教师和孩子们一起出发到第聂伯河岸茂密的树林里去了。一路上，柯利亚津津有味地向大家讲述他曾经和庄员们在这里的农庄田间宿营站里住了整整一个夏天的事。因为有了柯利亚，全班共采集到100公斤橡实。

春天来了，女教师又请柯利亚帮忙。因为只有他一个人敢爬到沟壑的陡坡上去挖坑，把槐树子种上。

经过长期的教育，我们看到柯利亚身上那种对集体的事有意回避、故意冷漠的态度在逐渐消失，他开始对大家感兴趣的事热心起来。于是，女教师尽量创造各种条件，让柯利亚有机会全力以赴地去做完同学们已经开了头的事情。

但是坏的东西在柯利亚身上是根深蒂固的，而好的东西却像刚刚生长出来的幼芽很弱小。比如说，柯利亚是个做弹弓的能手，他总是残忍地用弹弓打鸟。不论怎样说服他不要这样做也无济于事。冬天，他还去捉别人家的鸽子，把鸽子的翅膀剪掉后关在小棚子里。针对这一情况，我选了一个十分寒冷的日子，邀柯利亚一起到集体农庄的田间宿营站去。我让他观察鸟怎么冻得躲了起来，怎么艰难地寻食。然后，我和柯利亚一起给鸟搭了一个"小食堂"。我委托柯利亚一周去喂一次鸟，还请他密切注意不让任何同学把鸟弄死了。本来，激发柯利亚对这项劳动的兴趣是困难的，我之所以能成功，是因为我每周都亲自到"小食堂"去送一趟鸟食，柯利亚无法躲避，只得与我同行。后来，我又帮他在自己家的屋檐下给小山雀搭起了一个"小食堂"。从此，他才开始自愿照看小鸟，从小鸟的敌人变成了小鸟的朋友。虽然在这一切活动中，柯利亚并未表现出主动性，因为他是被迫去关心鸟的，但他却没有感觉到他以上的转变是受了教师的影响。他觉得是他自己出于自愿给小鸟搭起了两个"小食堂"。

三年级时，柯利亚和其他一些孩子被吸收入队。头几天，他感到非常愉快，情绪高涨。可是不久，他的热情就渐渐消退了。班上的少先队辅导员发现柯利亚瞧不起一年级的小同学，于是辅导员就在大风雪天，当小同学需要有人护送回家的时候，请柯利亚把两个小孩子送到家里去。柯利亚本来准备拒绝，但是辅导员恳切的态度使他不便推辞，于是，他把两个孩子送回了家。辅导员随即在全班面前夸奖了柯利亚。此后，班里其他少先队员也自愿在天气不好的时候去帮助一年级的小同学。柯利亚当然不肯落在同学之后了。

春天，我校少先队负责绿化村里的一条街道，这是我们的一项传统活动。教师们也和同学们一起参加劳动。这年，我们一共种了200多棵树。辅导员建议设立一个少先队岗哨，负责保护刚刚栽下的绿油油的树苗。少先队员们欣然接受了这个建议，并推选柯利亚为岗哨负责人。夏天，少先队岗哨每天都要检查所栽树木的成长情况，严格要求一定要把每株树苗都圈起来。如果一个庄员不负责任，损坏了小树，少先队员就要向他提出书面警告：如若再发生类似情况，将呈报区委会解决。

就这样，柯利亚逐渐开始关心集体的事情，逐渐做到不仅对自己负责，而且对大家也负责了。他变得严肃多了。当别人给他提意见时，他再也不像以前那样发火，那样和集体闹对立了。这一转变是相当重要的，因为以前经常出现柯利亚干了坏事被集体发现的情况，不让孩子们议论这些事是不可能的。如果说过去柯利亚总是以倔强和散漫为荣的话，那么，现在当大家提到他的这些缺点时，他总是感到很不好意思。

有一次，柯利亚把自己的名字刻在课桌上。开队会时同学们批评他不尊重别人的劳动。下课后，柯利亚便自觉地到教室来，把刻坏了的地方弄好，还刷上了一层新漆。

我们在教育中年级和高年级的孩子时，总是坚持这样一个原则：随着孩子身体和思想上的不断成熟，应该让他们更多地意识到自己在为共产主义奋斗的事业中的地位。我校八、九、十年级的学生就已经开始参加一些成年人的劳动生活。他们不仅劳动，而且学习掌握各种农业机务人员应掌握的技能。我们要求少先队员和共青团员不论在哪里劳动，都应以自己的实际行动来维护集体的荣誉。在大家的共同努力下，我们学校一贯遵循这样一条原则：我们集体中的任何一个成员不论在任何地方劳动，都要比其他人干得更好，都要起到模范作用。

柯利亚到了五、六、七年级时，对技术产生了浓厚的兴趣，他充满热情地参加学校车间劳动。我们专门为他配备了一个优秀的机械师，以便让柯利亚跟着他学习。三年之中，柯利亚不仅没有落后于思想先进有觉悟的工人，而且还成了别人学习的榜样。一次春播的时候，两台拖拉机坏了，教师临时组织了一个工人小组到现场去修理。参加这个小组的就有柯利亚和其他两位九年级同学。小伙子们整整工作了一夜，终于把拖拉机修好了。柯利亚和那两位同学结束了紧张的劳动后又赶到学校来和其他同学一样上课学习。

以上是对一个特殊教育对象进行道德教育的全部过程。经过十年的努力，学校把他培养成了一个有高度觉悟的人，一个诚实而忠厚的人。在劳动中，他忘我地苦干，对待同志他关切而富有同情心，他随时准备着去完成任何一项有利于社会的工作。毕业后，他立即到农庄去工作，勇敢而满怀信心地走向了生活。

综上所述，我们认为，一定要让集体来肯定学生在道德品质方面表现出来的优点，并及时加以表扬。这是正确进行教育的一个十分重要的条件。当受教育者意识到自己做了有利于集体和社会的事情时，他会得到一种极大的精神上的满足。在一个儿童、少年或青年的生活中，无代价地为祖国、为社会服务的事情越多，积极性越高，那么，他们向往那些建立在共产主义原则之上的，美好而崇高的事物的意向也就越会牢牢地扎根在他们的心中。

引导儿童自觉地改正错误

如果我们对于儿童的错误行为只是采取制止或警告的办法，那么儿童在走出校门时，必将是一个缺乏意志力的人。对儿童在生活道路上进行引导时，我们应当做到：既要使他们能够在大人或集体的指引下迈出一生中具有重要意义的关键性的步子，又要让他们能够独立学步，相信自己是有力量克服一切困难的。

一位一年级教师在开学几星期以后就发现班上的一个叫维佳的孩子有偷东西的苗头。这个小男孩先是拿了一个小姑娘的玩具，后来又把教室橱柜里的球拿走了。应该怎么办呢？在班集体面前揭穿维佳的行为，说明其错误所在，然后引导孩子们对他进行严厉的批评吗？其实，就偷东西而言，即便不用同学们批评，维佳自己也知道是不对的。

于是，我们在此后几年的教育过程中，时时注意给维佳创造适当的环境，以便使他经常有机会在两种不同行为中做出选择：或者为了集体的利益而选择诚实的、高尚的行为，或者选择不诚实的、不道德的行为。而这一切都得由维佳自己做出抉择。干坏事情可以不费力气，可是同学们马上就会说他——维佳是个干坏事的孩子。表现出高尚的品德，确实要难得多，但同学们会发现他的优点，而且给他以好评。

引导儿童自觉地改正错误

根据教师的倡议，一年级学生每人攒了几个戈比①，大家把钱凑起来，为班集体订了一份儿童报纸，而且把收钱和保管钱的任务都交给了维佳。在办理订报手续以前的几个星期里，维佳一直把钱放在专门为此缝在上衣里子上的一个小口袋里随身带着。教师观察到，维佳费了很大的劲儿才做到了对集体的钱分文不动，但他毕竟战胜了各种各样的诱惑而做到了这一点。该去邮局交钱的那一天，维佳满面笑容，因为他把钱保管得很好，分文不差。

这以后，教师又把装订从橱窗上取下来的报纸的任务交给了维佳，并几次在全班同学面前表扬了他，每次表扬都给他带来了喜悦。

到了二年级的时候，有一次，一个小男孩手锯上的几根小锯条不翼而飞了。是谁偷的呢？不得而知。后来教师到维佳家里去，正碰上他在锯东西，身旁的桌上放着几块胶合板。教师什么也没有说，可是维佳却感到很窘迫，脸也顿时红了起来。

第二天，教师向孩子们提出一个建议：搜集废铜烂铁，用卖得的钱买小锯条。孩子们兴高采烈地干了起来，维佳干得特别卖劲儿。结果他捡的一份应换取 30 根锯条。这时教师对同学们说，谁换的锯条多，谁就可以分一部分给那些没有搜集到废铜烂铁因而没有分到锯条的同学。维佳听了，立即把 25 根锯条分送给了同学们。

这件事情以后，维佳无论是单独或是跟同学们一起留在工作室里，都再也没有拿走过锯条或是胶合板。夏天搞行军活动的时候，维佳不止一次被指派去看守同学们的衣物，他也没有一次辜负大家的信任。

三年级的时候，维佳负责保管全班同学的彩色铅笔，他对同学们个

---

① 戈比：俄罗斯等国的辅助货币。1 卢布 =100 戈比。

人的东西也管得十分细心。

可是到了三年级末，维佳又犯了错误，他从集体的画册（这本画册里有每个少先队员的一张画）里撕下了一张空白纸，用来画了画，并把这张画挂在自己家里的桌子旁边。如果犯这一错误的是别的孩子，或许可以取消其参加某次集体活动的资格。但是对维佳却不能这样做，因为他的个人荣誉感还很不强，很不牢固。公开的谴责只能使他远离集体，打击他进行思想斗争的积极性，而能够把这一积极性保持下来已经很不容易了。

于是，教师在课后把维佳留在教室里，不动声色地、善意地向他说明这种行为是不被允许的。在教师的引导下，维佳不仅把撕下的那一页纸又贴回到画册里去，而且还画了一幅美丽的图画作为画册的封面。这一切维佳都做得很好，于是教师又表扬了他。但是这次表扬更多地使维佳感到惭愧而不是喜悦。

当教师表扬维佳的时候，他满脸通红，不敢抬起眼睛来看同学们。教师就是这样有步骤地建立并加强孩子的荣誉感。教师这种诲人不倦的辛勤劳动终于获得了巨大的回报：有一次，维佳在院子里拾到了包在纸里的两个卢布，他拿着卢布飞快地跑进教室，激动地问："这是谁丢的？"

但是到了五年级，维佳又犯了一次严重的错误——偷了同班同学的冰刀，当教师来到维佳家里的时候，他哭了，并立即向教师坦白冰刀被他放在菜园里的稻草堆里，但他请求教师不要把这件事告诉任何人。

"我一定自己把冰刀放到走廊的窗户上去。"维佳说。

维佳已经清楚地认识到自己的行为是错误的。但是对于培养孩子的优秀品质来说，只是停留在认识层面上还远远不够。

当时学校里正举行滑雪比赛，教师知道维佳在比赛中一定能名列前茅。果然不出所料，维佳第二个到达终点。前三名在隆重的气氛中接受了奖品——一副崭新的冰刀。维佳激动地把冰刀安到鞋上，立即向结了冰的池塘走去。

后来维佳和其他少先队员一起教一年级小同学滑冰。他发现跟他学滑冰的小男孩和冰刀是那样难分难舍，于是他便尽了自己最大的努力不向小男孩要回冰刀。

又有一次，当维佳从这个小男孩手里拿回冰刀的时候，他看见小男孩眼里竟含着泪珠。小男孩伤心的泪水打动了维佳，于是他提议说：

"咱们两个把冰刀分了吧，你一只，我一只。"

小男孩高兴极了，而维佳心里却立刻感到很不是滋味，但又觉得把送出手的礼物再要回来已经不可能了，于是他只得独自伤心起来。这时教师走到维佳面前，劝他把另一只冰刀也送给小男孩。

维佳伤心得几乎大哭起来，但仍旧按教师的意见做了。教师对维佳难受的心情装出毫无察觉的样子，与此同时却尽力设法培养维佳新的兴趣。正好物理技术小组准备出一期幻灯式的墙报，于是教师决定请维佳在玻璃上画几张画。维佳立即被新的任务吸引住了。此后，小男孩还不时地把冰刀让给维佳用，维佳用完就还给他，再也不像最初把冰刀送给小男孩时那样心痛得难受了。

这件事情以后，一直到中学毕业以前，再也没有发现维佳有过把别人的东西据为己有的念头。这件事情以后的每一年里教师都鼓励维佳去做一些具有集体主义精神的、高尚的事情。比如，维佳每年暑假能挣到300—400卢布，这些钱他除了用来给自己买教科书、衣服和鞋袜以外，从来也没有忘记过那个小男孩，维佳总是给他也买些图画本、颜料、色笔、球和电动玩具等礼物。

在学校学习的最后一年里,维佳和同班同学一起做了一个小型旋车床,但是车床不能转动,因为没有马达。一个马达价值300卢布,学校当时付不起这笔钱。维佳事先没有告诉任何人就用自己夏天挣来的钱买了马达,并拿到学校来,还请求教师不要让任何人知道这件事情。

这就是一个学生从儿童到少年、到青年时期在思想上开展积极斗争所取得的成果。维佳思想上的隐秘自始至终知道的只有教师,而孩子们见到的只是他克服了重重障碍,经过艰苦斗争后做出来的一件件好事。这是对待像维佳这样一个具体孩子的唯一正确的教育方法。

我们认为没有不想成为好孩子的儿童。一切坏的东西总是会使儿童感到苦恼、难受,但是年幼的儿童还不善于把自己的精力引入正轨。一个爱护儿童的细心敏锐的教师就应该在这方面给儿童以帮助。因此,我想向年轻的教师和辅导员们进一言:做一个培养儿童优秀品质的创新者吧!我们做教师的应该像果园的园丁精心地照看嫁接到野生植物上的果树那样爱护它的每一枝、每一叶,爱护和保持孩子们身上的一切好品质。任何时候也不要急于去揭穿儿童不好的、错误的行为,不要急于把儿童所有的缺点公之于众,而应当让儿童发挥内在的精神力量来克服自己的缺点。让集体看到的首先是每个儿童的优点,这才是育人的艺术所在。

不要轻易惩罚孩子

惩罚是一种敏感性极强、不无危险的教育手段。许多教育工作者在使用这一手段时经常会犯错误。一般说来，孩子对大人强加给他们的不公平是很敏感的，哪怕是对极小的不公平也如此。此外，他们对于"公平""不公平""好的""坏的"都有自己的概念。对于儿童们的这些概念，教师在工作过程中必须予以考虑。有时教师自以为是极轻的惩罚，儿童接受起来却认为是对他极大的不公平，因而感到万分委屈。事实上，如果对事情进行认真分析，往往会发现儿童的确有其正确的一面，全班同学的感情都在他这一边，显得教师惩罚的依据明显不足，当然这种惩罚也就是不公平的。

实践证明，学校里进行的惩罚十有八九是不公平的。正因为绝大部分惩罚是不公平的，所以学生中就形成了一种看法，认为惩罚本身就是不公平的事情，只是学生不得不忍受罢了。

不公平的惩罚往往是从小事情开始的。比如，孩子们由于没有经验和无知而不自觉地干了一些不体面的事，教师就错误地对他们大发脾气。我在从事教育工作的最初几年里也犯过这样的错误。

记得我第一年在学校工作的时候，曾经有一个非常聪明而成熟，但有些过分活跃和淘气的孩子名叫斯捷帕。有一次，他不小心折断了教室里的一株玫瑰花。这株玫瑰花是同学们十分珍爱的，因此，我向他大声喊叫，说他是没心没肺的人。总之，我是想尽量触动他，刺痛他。后来，班上的孩子们又搬来了3盆花，每天精心地照料着，而斯捷帕却在我的参与下被排斥在这项集体活动之外。从此以后，斯捷帕变得不像先前那样爱说爱笑了，也不那么淘气了。我还以为这是好事，是我对他的批评起了作用。直到后来我才明白，时间越长，斯捷帕越认为这样对他是不公平的。因为他折断花枝完全是无意的，而且已经感到十分后悔，并很愿意尽一切努力来改正自己的错误，而我对他想要改正错误的心愿竟置若罔闻。非但如此，我还从所谓的"教育作用"出发，对他真诚悔过的决心大泼冷水。可是这一切我都是在过了好几个星期之后才醒悟过来的。事情是这样的：

一次课后，我留在教室里，斯捷帕也在教室里完成一项未完成的作业。当他发现教室里只有我和他两人时，他马上窘了起来，并急着要回家去。我没有注意到他情绪上的变化，还若无其事地让他和我一起去草地上采野花，他不自然地苦笑了一下，接着泪珠就簌簌地流了出来，而且赶在我前面飞快地往家里跑去。这时我才恍然大悟，原来我对他的惩罚给他带来了极大的痛苦。

这是使我受到教训的许多事例之一，这些事例使我坚信惩罚是一种"祸福莫测"的不可靠的手段，还是不用为好。

孩子所做的坏事情不论有多么严重，只要不是蓄意的，就不应该给以惩罚。在孩子的生活中，故意捣乱的情况是极个别的（100个儿童中未必有一个是成心做坏事的）。因此，也只有在极个别的情况下才能对儿童进行惩罚。

我对无意干了坏事的儿童一律采取谅解的态度。这种态度深深地感动着他们具有自尊感的、敏锐的心灵，并激发他们心灵深处坚决改正错误的积极性。这样做的结果使孩子们不仅深为自己所犯的错误感到后悔，而且还会以积极的行动来改正自己的错误。

有一次，五年级学生柯斯佳和根纳季在院子里跑着玩，碰坏了一株小苹果树。这株苹果树是孩子们两年来一直精心照料的。回到教室后，我坐在桌旁，不知该说什么好。柯斯佳和根纳季主动站在黑板前（虽然谁也没有让他们这样做），他们脸色苍白，显得不知所措。30双眼睛看着他们，但是孩子们的目光里没有谴责，没有恼恨，有的只是同情。在一个友爱的集体里，这也是很自然的：小伙伴有了伤心事，伤心事当然是引人同情的。在这种情况下，难道还谈得上给这两个闯了祸的孩子什么惩罚吗？惩罚是不能奏效的。

于是，我让他们回到自己的座位上去。我对发生的事表示了惋惜，然后对大家说应该想个挽救的办法。我告诉孩子们夏天也可以移植树木，但需要特别细心地管理。话音刚落，马上就有孩子表示愿意试验一下，在原来的地方重新种一株新的苹果树。下课以后，班上的孩子们便和柯斯佳、根纳季一起上苗圃去了，他们在那里选中了一棵小苹果树，并小心翼翼地把它运到学校来了。

从此以后，谁也没有向柯斯佳和根纳季提起那件事，谁也没有强迫他们两人照管新栽的小苹果树，可是他们俩却成了最关心、最爱护果树的孩子。秋天，他们给春天在校园里种下的所有树木的根部培了一圈土，还灭掉了果树上的害虫。孩子们如此高涨的劳动热情难道单纯是因为他们深刻地认识到了自己的错误吗？不是的，不完全如此。激发他们劳动热情的主要源泉是大家对他们的信任，对他们内心世界的体贴和关切。

在有些情况下，谅解对一个人在精神上的触动要比惩罚强烈得多。

有一年，学校少先队搞了一块高产玉米田。孩子们往地里施了肥，还做了积雪用的拦雪板。冬天，孩子们把拦雪板分插在玉米地里，每下完一场雪后就由一个少先队员去重新插一次。这件事干起来不困难，但却需要有责任感。有一次，轮到了一个叫柯利亚的孩子干这件事。这是一个谦虚而又爱劳动的孩子，谁也不会想到他会不完成任务。但是我察觉到他这一天一直在滑冰，到了黄昏时分，我问他：

"你把拦雪板重插了吗？"

"已经重插过了。"柯利亚吞吞吐吐地回答说。于是我就毫不怀疑，他是玩得入了迷，忘了这件事而不得不撒了谎。

"那咱们一块儿去看看吧！看你插得怎么样。"我说这话时，好像在暗示，如果他插得好就可以受到表扬。

柯利亚拖着步子随我来到玉米地里。拦雪板还在原来的地方。柯利亚低着头，难为情地站在我的面前，不知如何是好。几年来，柯利亚是第一次撒谎，促使他犯错误的原因是他太热衷于滑冰了。我们沉默了一会儿。我忽然对第一次陷入尴尬境地的柯利亚同情起来。他是那样束手无策，那样可怜，他用眼睛祈求我的原谅。我对他微笑了一下，做出好像没有发现他对我撒了谎似的样子，提议说：

"柯利亚，咱们俩把这拦雪板再重新插一次好吗？你看，这不是又下了好多雪了吗。"

柯利亚如释重负地叹了一口气，马上敏捷地插起拦雪板来。柯利亚未必相信我真的没有发现他撒了谎，但是他显然感觉到了教师由于了解他的苦衷而原谅了他。我当时这样做更能让他认识到自己的错误，比起揭穿他不诚实，说谎话，缺乏对集体工作的责任感要强一百倍。柯利亚把拦雪板又一一加固一遍，他连一个小土坡也没有放过（风已经把土坡上的雪吹了下来）。干完活以后，他精神抖擞，情绪激动地走出玉米地，把自己高兴的和懊恼的事情都一一讲给我听。当我们路过学校园地时，柯利亚发现苗圃里有些幼苗的小尖从雪里露了出来，于是他说：

"应该用雪把它们盖住，可能有大寒流要到来。"

希望读者们不要误以为我们一味主张对学生的错误行为采取原谅的态度而反对进行惩罚。惩罚也是一种有效的教育方法，但是不慎重的惩罚往往会削弱集体，造成学生抱团共同对付教师的现象。出现这种现象的初期，学生往往认为抱团只是为了反对教师的不公平态度，维护班集体的正当手段。大家都知道，在低年级是从来没有抱团现象的。孩子们坦率地、真心地愿意把同学们的错误行为告诉教师，犯错误的孩子和向教师反映情况的孩子之间不会发生什么争执。坦率地向教师反映情况的孩子也并不被叫作"小密探""小汇报"，或者被赠予其他一些带侮辱性的绰号。这些绰号都是在有了"抱团"现象以后才出现的。

二年级学生斯拉瓦在课间休息时故意绊了柯利亚一脚，柯利亚摔倒在地，受了一点儿伤，便哭了起来。他在气头上感到很委屈，就跑到教师那里去告了斯拉瓦一状。这是在大课间休息开始时发生的事情。到了课间休息快结束的时候，柯利亚不但已经不生气了，而且早把自己的委屈忘到脑后去了。他和斯拉瓦又互相你追我赶跑来跑去。柯利亚两次用脚绊斯拉瓦，随手在一个一年级小同学的背上捶了一下，还揪了揪站在旁边的一个小女孩的小辫子。当然教师对这一切细节可能没有见到，但是她必须了解孩子们的各种情况。她应该知道柯利亚告状的目的无非是想让教师说一句"斯拉瓦做得不对"，而别无他意。

但是教师没有考虑到这点。她认为对斯拉瓦的行为应该进行惩罚，于是课间休息以后，她就在课堂上审问起斯拉瓦来，问他为什么要绊倒同学，以后还干不干这种违反纪律的事。斯拉瓦什么也没有回答。对这些问题孩子确实无法回答。同学们用同情的目光看着斯拉瓦，有的孩子还不时地看看柯利亚。他们的目光是焦虑的，带有埋怨柯利亚的神情。柯利亚深深感到他是使斯拉瓦受罚的罪人。所以，当斯拉瓦难受得哭起来时，他也跟着哭了。

教师对斯拉瓦的眼泪——犯错误同学的眼泪感到满意。实际上斯拉瓦并不是因为受了良心的谴责，而是因为受了教师的冤枉而伤心得落泪。

这件事情以后，班里再没有人向教师告状了。同学们都尽量"不出卖"闯祸的孩子，不管他闯的祸有多大，大家都互相护着。这样就形成了学生一致对付教师的局面。天长日久，孩子们的这种建立在不健康的、错误基础上的"团结"越来越牢固，并逐渐地开始把严重的、绝对不能允许的行为也隐瞒起来。

不论促使学生相互包庇的事实是什么，归根结底产生这种情况的原因在于教师没有正确地使用惩罚这一敏感性极强的教育手段。

有时教师还想让班集体支持对某个学生的惩罚，使犯错误的孩子感觉到舆论的压力，甚至试图以集体的名誉对某个学生进行惩罚。这种方法往往带来很多弊端，因为这样做只能在儿童贫乏的社会生活经验里增加模糊不清的是非概念。如果能让孩子从低年级起就学会从不良现象中看出同学们的错误，并努力帮助其纠正错误，效果会好得多。当然这种帮助里也可以包含一定的谴责，但这种谴责必须是善意的，不会使儿童感到冤屈的。

有经验的教师往往善于用班里已具备的条件，让学生们对不良现象进行善意的、恰到好处的批评。

三年级学生别佳上学经常迟到，他的母亲每天早上5点去上班之前总是把闹钟拨到7点，放在儿子床边。但是别佳每次都是被铃声闹醒后又很快睡着了。教师几次找别佳谈话，劝说他让他学会管理自己，却收效甚微。后来同学们都知道了别佳有贪睡的毛病。于是，教师请全班同学来帮助别佳改掉迟到的毛病，并把迟到的事当作他的一个困难交给大家来解决。在号召大家对别佳进行帮助时，教师很巧妙地向同学们提到惰性的问题。同学们领会了教师的意思，便积极行动起来。他们每天早上到别佳家里来，在前廊里等待着闹钟的铃声，一听见铃声，他们马上敲别佳的窗户，然后齐声喊道："快起来呀，别佳，闹钟响了！"

这种善意的帮助比任何惩罚都取得了更好的效果。班上同学毫无恶意地和别佳开玩笑，这实际上是另一种形式的严肃批评。它既能触动别佳的自尊心，又不会使他感到受了侮辱。最后别佳终于学会了不用闹钟，不用同学们的帮助自己按时起床了。

五年级学生阿纳托利在课堂上不好好听讲，而悄悄地从口袋里掏出一些火柴盒搭小房子玩。盒子里有时还发出一些奇怪的声音，原来里面放着阿纳托利捉来的各种小甲虫和小蝴蝶。班上同学对阿纳托利的"小玩意儿"也很喜欢，因此根本不可能要求他们对自己认为有趣的、吸引人的事情去进行谴责。相反还有不少同学竟效仿起阿纳托利来……。必须想办法让班集体对这件事进行真诚的批评。

于是我走到教室里，像是无意中和同学们谈起阿纳托利似的说道："阿纳托利在课堂上感到很寂寞，所以他才天天带了各式各样的玩具来解闷，但是看来他的玩具不多。你们可以帮帮他，谁家里有什么玩具，明天都带到学校里来。姑娘们，你们给他做一个布娃娃，也许你们给他做的玩具更能让他开心。"我说话的时候虽然语调严肃，但孩子们完全领会到：按校长的话去做，准会把阿纳托利置于可笑的地位。孩子们对此很感兴趣，果然带来了许多玩具：小盒子、小口哨、拨浪鼓和洋娃娃。

在此之前能让阿纳托利解闷的火柴盒现在只能使他感到懊恼了。因为他已感觉到同学们在取笑他，就再也不好意思把不必要的东西带到课堂上来了。

综观以上几点，我想对年轻的教师和辅导员们说几句话：不要急于对学生惩罚。应该认真地考虑一下是什么因素促使儿童干这一件或那一件事，把你们自己放在儿童的位置上，你们就会相信儿童是能够通过自己的努力改正错误的。

集体的威力

如果一个集体具有良好的道德风尚，并以此为荣，那么这个集体里的孩子也会自觉地努力争取在各方面都表现良好。

学校对一个集体的道德面貌做出一定的评价，是推动这个集体努力争取表现良好的动力。有了这种评价，每个孩子就似乎能意识到自己是这个集体的一分子。

一年级有一个班，从一年级下半年开始，就和平行班的同学们互相检查练习本、教科书和其他学习用具。每天，孩子们都要彼此相互检查书包和放练习本的夹子，对教科书检查得尤为认真仔细，要看书里有没有墨迹、污点，是否有书签。

几年前，每当进行这种检查时，大家经常给一个叫莉达的女生提出意见。她不是教科书的封面上满是墨迹，就是把钢笔夹在书里，而不放在铅笔盒里，要不就是家庭作业完成得潦草，练习本里有许多墨迹。检查完毕后，女教师通常总要讲一讲应该怎样改正同学们指出来的这些缺点，她一再努力让大家明白莉达这种马虎的学习态度影响了全班的荣誉。但是，她的教导对莉达丝毫不起作用。至于班上其他孩子，对于班里有一个几乎天天挨批评的同学也不闻不问。

女教师感到必须得改变教育方法。于是在总结检查结果时，她不再点出受批评的同学的名字，而是对整个班集体说：

"孩子们，今天咱们班只有两个同学受了批评，要不是因为他们两人，咱们班本来是可以在比赛中获得第一名的。"

学生们对教师的这一提法的反应就完全不同了。他们开始质问这两个表现不好的学生："你们的练习本里为什么总是有墨点？"或者问"你们的书为什么总这么乱七八糟？"等等。课间休息时，孩子们请求这两个同学今后一定要努力做作业，不要把书和练习本弄脏。就这样，班里第一次出现了集体感。从此以后，莉达一月比一月变得更认真、更仔细，到学年快结束时，这个班在每天的比赛中都获得第一名。

一次，少先队员们搞积肥活动。中队之间展开了竞赛，优胜者的条件是：首先，中队里每个队员都必须参加这项活动；其次，看哪个中队人均积肥量最高。有一个中队里的一个小男孩没有参加积肥，即使他所在的中队按人数平均积肥量比其他中队要高出很多，也没有成为比赛中的优胜者，相反却被排在最末一名。

在总结比赛结果时，少先队辅导员说，因为一个队员的懒散，使整个集体的排名落到了最后。他并没有提到这个损害了班集体荣誉的孩子的名字。但孩子们听了，心里是有数的。于是他们谴责这个孩子说："你为什么没有积肥呢？你看，因为你没有参赛，我们都丢脸了。"孩子们直截了当的、简单的几句批评话，深深地触动了这个小男孩，使他第一次强烈地感到他是集体中的一员。从此以后，他开始想表现得好一些。下面的事实证明他的确有这个愿望：一个半月以后，中队之间又开展了一次捡废铁的竞赛，获胜条件和上次积肥竞赛一样。这个小男孩用小雪橇运来了20公斤废铁，还运来了一个不知从哪里捡到的古老的铜制神灯。过了一天，小男孩又运来了20公斤废铁，并且叮嘱说先不要登记。

少先队辅导员问他：

"这是为什么呢？"

孩子解释道：

"要是谁忘记了运废铁来，可以把这一份写在他的名下。"

<u>如果一个集体中的每个成员都能感到他们是属于一个整体的，那么这个集体就会形成一种强大的教育力量。</u>这种力量并不表现在这个集体可以对他的每个成员进行批评和惩罚，而是表现在他把一切好的和坏的东西都当成是自己的，并且对一切不好的行为承担责任。

一次，在一个少先队中队里发生了一件不愉快的事情。春假时，孩子们帮助庄员们准备向日葵的种子。一个小男孩在自己的衣服兜里装满了葵花子，准备带回家去。这件事是孩子们在临回家前休息时发现的。少先队辅导员亲眼看见，大家都注意到了这个小男孩的口袋莫名其妙地鼓了起来。他还看到，一个好奇的女学生走过去，从小男孩兜里掏出了一把葵花子。这件事使大家都感到很窘。孩子们缺乏足够的勇气当着庄员的面揭发自己的同学，他们把这个小男孩叫到一旁，由他自己悄悄地把葵花子倒了出来。

回家的路上，大家都沉默不语。辅导员清楚地看到，孩子们除了对小男孩的行为充满了义愤之外，还埋怨这个同学让大家都蒙受了好大的委屈。

又过了几天，教师和辅导员都确信，孩子们似乎有些不好意思谈起这件不体面的事情来，因为这件事确实太严重，太应该惩罚了。最后当谈到这件事时，中队委员会主席说：

"我们早已惩罚过他了。春天，他不能和我们一起去果园了。"

事情是这样的：春秋两季，孩子们都要去农庄的果园劳动几天，现在集体已经决定不让这个犯了错误的同学一同前往。

进行这一惩罚的时间实际上推迟了三个月。但是孩子们谁也没有忘记这件事。当全班同学在果园劳动的时候，犯错误的小男孩悄悄地走到同学们身边，可是谁也不邀请他参加劳动。

一次，孩子们正在为星期日义务劳动做准备工作，大家只顾讨论第二天的计划，没有谁去注意这个小男孩。他就一直坐在一旁，倾听着同学们热烈的谈话。后来，他走过去胆怯地问：

"你们明天能带我去吗？"

少先队员决定带他去。他们三五成群地跑去找辅导员，想要为小男孩求情：

"他以后一定什么也不会拿了，我们替他担保。"

辅导员当然只能同意孩子们的请求。于是，小男孩被批准和全班同学一起去果园摘水果。他确实也没有辜负大家的信任。

孩子们提出为这个小男孩担保，是因为他们认识到他上次不体面的行为是一个错误，一种过失。而对犯错误的孩子来说，集体对他的保护则是对他的一次精神上的触动。他由此懂得了他的命运是决定于集体的。正是因为这个原因，犯了错误的孩子才会努力争取不辜负集体对他的信任。

我们学校曾经有一个调皮的小男孩名叫瓦利亚。他干的淘气事有时甚至超出了孩子淘气的范围，妨碍了同学们安安静静地进行学习。比如，在一次劳动课前，当他把糨糊瓶分放到每个课桌上去的时候，他故意在姑娘们的糨糊瓶里倒了一些水。被水稀释了的糨糊看上去和正常的糨糊并无异样，但却粘不住。因此，无论姑娘们怎么使劲儿也粘不好，而瓦利亚和伙伴们却在一旁偷偷发笑。

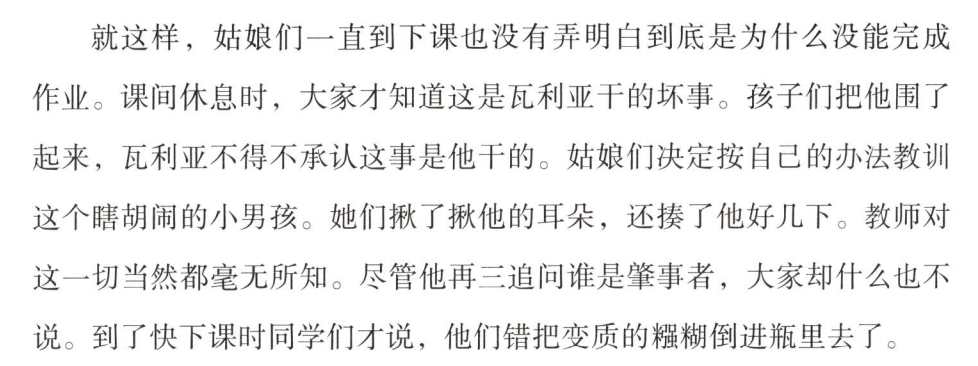

就这样，姑娘们一直到下课也没有弄明白到底是为什么没能完成作业。课间休息时，大家才知道这是瓦利亚干的坏事。孩子们把他围了起来，瓦利亚不得不承认这事是他干的。姑娘们决定按自己的办法教训这个瞎胡闹的小男孩。她们揪了揪他的耳朵，还揍了他好几下。教师对这一切当然都毫无所知。尽管他再三追问谁是肇事者，大家却什么也不说。到了快下课时同学们才说，他们错把变质的糨糊倒进瓶里去了。

一个月以后，瓦利亚又干不好的事了。他悄悄地把粉笔末撒到四瓶墨水里，使得好几个同学不得不在上课时找教师。教师宣布说，一定要把瓦利亚的家长请到学校里来。这下可把瓦利亚急坏了，他哭了起来。同学们知道瓦利亚的父亲一定会狠狠地惩罚他，所以又去找教师替他求情：

"请您不要请瓦利亚的父亲来学校吧！他保证今后再也不干任何坏事了。"

教师懂得按同学们的请求去做，既可以使瓦利亚不致受到太严厉的惩罚，又可以加强他今后对班集体的责任感，因此，后来瓦利亚的父亲虽然来学校了，但教师却只字未提瓦利亚干的坏事。

这件事情以后，瓦利亚有了显著的变化。有一次夏天，全班同学去海滨游泳，有一个小男孩一时心血来潮，想跟同学们开个玩笑。他找来了许多荨麻叶子埋在孩子们将要躺在那里晒太阳的沙子里。这件事被瓦利亚发现了。他从沙子里把扎人的荨麻叶子一一捡出来扔掉了。此外，他还干了一些好事，比如，做了几根钓鱼用的竿梢送给同学们。当同学们去看降落在村边的飞机时，他一个人留在学校里值班。

如果一个班集体是坚强而团结的，那么它就有力量对最严重的错误承担责任。在这种情况下，犯错误的儿童或少年往往能深刻地意识到自己行为的错误性，并因集体帮助他认识了自己的错误而对集体感激不尽。请看下面的例子。

16岁的少年阿纳托利是九年级时转来我校的，他当时已是一名共青团员。但是我们发现他和集体是对立的，总是回避班里的同学，对全班都为之激动的事情，他从不表达自己的意见，参加集体劳动也是勉勉强强。后来他表示愿意学一门技术，但学得也很不主动。

读完九年级后的那个夏天，阿纳托利在农庄进行生产实习，当拖拉机手的助手。有一次，拖拉机手请阿纳托利给中耕机的零件上油，他没有照办。两天以后，中耕机不能开动了，阿纳托利不得不承认他没有给零件上油。拖拉机队队长要求在全校共青团会议上分析这件事，并对犯错误者给予处分。

会议开得十分激烈。同学们批评阿纳托利不诚实，对社会主义的财产不负责任，还批评他不尊重劳动者。所有发言的人都一致认为，根据这种行为应该开除阿纳托利的团籍。

严厉的批评对阿纳托利产生了巨大的影响，他惊慌失措了。显然这是他第一次体会到集体意见的力量。共青团员们觉得阿纳托利并不是不可挽救的，还可以帮助他改正过来。犯错误的阿纳托利显得无依无靠，不知所措，非常可怜。这已经足以引起富于同情心的共青团员们对他的痛苦的同情。他所在的九年级的共青团组织请求，不要惩罚阿纳托利。他们集体为阿纳托利担保，保证他将来一定会成为一个模范的好团员。

全校共青团大会结束后，班里又开了团员会。在这个会上，共青团员坦率地对阿纳托利说：

"我们为你担了保,就要对你负责,你千万别忘了这一点。如果你再做了什么坏事,受批评的不仅是你一个人,还有我们整个集体。"

阿纳托利保证以行动来证明,他将是一个好团员。

每个教育对象的生活中都有一些在他道德面貌形成过程中起重要作用的事情,这些事情有时在我们看来是微不足道的。上面谈到的这件事对于阿纳托利就起到了这种作用。从此以后,他变了。他开始关心集体的利益,关心大家的痛痒,大家有求于他时他都一一应承,他遇到为难的事,也和大家商量解决的办法。

第二个学年开始时,阿纳托利请求教师允许他三天不上课。三天之中,他一直在农庄和那位曾被他欺骗过的拖拉机手一起劳动,原来这位拖拉机手的拖车连接员病了。

第二年夏天暑假开始的第一天,阿纳托利就去拖拉机队劳动了。拖拉机手对他评价很好。毕业后,阿纳托利成了一个很好的劳动者——在一个工地上当司机。

一次,五年级两个平行班到一个大城市去旅行时住在一所学校里。夜里,五年级(2)班的一个小男孩发生了一件倒霉的事:他尿床了。五年级(1)班的孩子们你一言我一语地对他讽刺挖苦,不健康的好奇心大大发作……。这刺伤了五年级(2)班全体同学的自尊心,他们决定无论如何也不说出是谁出了这件倒霉的事。为了报复嘲笑他们的人,五年级(2)班的一个孩子竟想出了这样一个诡计:往五年级(1)班同学的三条床单上倒水。

"我们班一条床单弄湿了,你们班却弄湿了三条。"五年级(2)班的学生对讥笑他们的同学说。五年级(1)班的学生们不得不退却。这样,五年级(2)班巧妙而又机灵地把一件不愉快的事情变成了一个玩笑。此后，出事的小男孩处处努力表现出对集体利益的关心，成了小组中最积极的一个成员，各项集体活动从不缺席，并在帮助其他同学方面表现出极大的热忱。

教师对于教育对象的关怀、爱护确实会在他们心中留下不可磨灭的印象，但集体的关怀往往会留下更深刻的印象。因此，教师的任务在于使每一个儿童都能体验到集体对他的关怀以及在困难的时候给予他的帮助，从而对集体产生一种感激之情。

教育孩子学会关心他人

我认为，对人漠不关心是最不能容忍、最危险的一种缺点。在道德面貌形成的阶段，这种缺点更具有加倍的危险性。有的孩子虽然也守纪律、能完成任务、做事认真仔细，甚至热爱劳动、廉洁奉公（指不想侵占公共或他人财物而言），但是，如果他对别人的痛苦、忧愁和烦恼无动于衷，如果他不能为他人牺牲自己的一点利益，那么，这种人的纪律性也好，勤劳也好，都是建立在"利己"的基础上的，因而他的上述优点也就微不足道了。

一个具有美好心灵的人首先要有爱人之心。正是这种爱人之心，才是他对集体事业坚贞不渝、忠心耿耿的基础。我们认为，培养孩子的爱人之心，培养他们积极关心他人，是苏维埃学校最重要、最崇高的任务之一。因此，我们在学生集体中建立各种关系时，一贯十分注意让每个孩子的绝大部分精力都用来关心他人，即关心同学、关心家长和一切需要帮助和支持的人。在这种相互关系中积累起来的道德经验是培养诸如无私、善良、真诚、富有同情心等优秀道德品质的用之不竭的源泉。

我们在工作中致力于使我们培养的对象的幼小心灵里不存在不尊重人、对同学漠不关心、冷漠无情等恶习。如果一个学生在一日内没有为别人做任何好事，我们就认为是教育工作中出现了不正常的现象。我们的教师、少先队辅导员从学生一入学起，就着手帮助他们建立起良好的相互关系，使每个孩子都能随时关心自己的同学和其他人。下面是一年级某班同学在一周内相互帮助的具体事例：

柳芭的手指缠着绷带，不方便洗套鞋，几天之内柯利亚一直帮她洗套鞋。

加利娅把一个大球带到学校来，男孩子们都拿着球玩。后来，球落在浓密的槐树枝上，高高地挂在那里，托利亚立即爬到树上去把球取下来。后来，他接连三次爬上树去为大家取球。

奈利娅自己不会削算术课上用的小棍子，也不会把小棍子捆成捆，加利娅、柳芭就帮助她。

加利娅额头被蜜蜂蜇了，让娜帮她把刺从伤口里取出来，并用自己的手绢把她肿起来的额头包扎好。

利达 M. 旅行袋上的扣子掉了，托利亚同意把自己旅行袋上多余的一粒扣子剪下来，由女教师把这粒扣子缝到利达 M. 的旅行袋上。

维佳的母亲两天不在家，奶奶又病了。利达 щ. 和利达 M. 就请自己的父母去帮助维佳的奶奶。这两位学生的家长帮了病人很大的忙。与此同时，孩子们自己也很积极，他们帮着捡柴火、扫地、倒垃圾。

维佳没有穿鞋就在路上走，扎破了脚。妮娜和沃洛佳搀着他来到教员休息室，给他包扎好伤口。

柯利亚是一个只有一只胳膊、一只眼睛的残疾儿童，班里每个同学都认为帮助他是自己应尽的责任。天气不好时，大家送他回家，一路上小心地照顾他，不让他摔跤、绊倒。每天总有男孩或女孩到他家去帮他背书包。当柯利亚生病时，全班都到他家去，把班里学的字母和读的故事书带给他看。

新的一周开始后，孩子们的相互关系里又出现了新的变化。这样月复一月，年复一年，孩子们之间的互相关心和互相负责的精神就越来越加强，而且逐渐从小事发展到大事。由于孩子们在几年的过程中都一直不断地关心人，所以他们对于任何一个需要帮助的人都不会不闻不问、漠不关心。

一次，村里一位女庄员得了重病，被送进医院，家里剩下两个孩子，一个3岁，另一个6岁。少先队员们焦急不安地把这一情况讲给辅导员听。在辅导员的倡议下，同学们在女庄员出院前一周内负责照看两个小孩，帮助孩子的父亲打扫屋子、做饭。还给孩子们带来玩具，给他们读童话故事。

处于少年，尤其是青年时期的学生，在关心同学时，往往已经能意识到一个人应该忠于同学、忠于朋友。因此，我们在处理中高年级学生的相互关系时，尽量创造条件使他们在相互帮助、相互关心的过程中能进一步表现出顽强性、坚定性、原则性，表现出他们是忠于共产主义的道德准则和自己的信念的。这个时期同学之间的相互关心就其深度来说又进了一步。

例如：十年级学生安娜的父亲病了，她一连几天在医院伺候父亲。她的女同学斯维特兰娜担心安娜缺课太多，便建议班上同学去医院轮流值班，照看病人。

奈利娅和莉季娅得知她俩的好友拉伊萨准备休学，家里也不阻拦，两个姑娘便跑去找拉伊萨的家长，说服他们让女儿念完中学。

拉伊萨的父母认为姑娘们言之有理，就同意了。拉伊萨因此上完了中学。

工地上的一位年轻工人侮辱了莉季娅。莉季娅的女同学柳芭坚信莉季娅是正确的，她径直来到这个工人家里，坦率地表示了自己对这个工人的行为的看法。她说，如果这位工人不到班上来当着所有同学给莉季娅道歉，那么她和其他女同学一定要设法将此事交社会法庭来处理。工人自知无理，不得不到班上来请求被他侮辱过的姑娘原谅他。

叶夫根尼的俄罗斯文学课（作文）在9月份里连续两次不及格，这门课学习成绩较好的伊万就主动提出帮助叶夫根尼补课。从此他们两人总是在一起学习。伊万督促叶夫根尼注意复习语法。这样，到了10月份，叶夫根尼的作文就得了"优"。可是伊万对朋友的关心并未就此结束，他继续和叶夫根尼一起学习了好几个月，直到叶夫根尼的写作成绩稳定下来，不需要再为他担心为止。

学生们在做这些高尚的事时，自然要损害一些个人的利益。关心同学总是需要付出一定的精力和时间，总是要使自己更紧张一些，但正是通过这种有意义的自我牺牲，才能建立起个人的自尊感，才能使年轻人变得越来越高尚。

我们学校里有这样一种做法：全体同学连续几年关心某些需要帮助和经济支援的同学。这是培养同情心、热情、真挚等优秀品质的重要手段。我校有些同学完全是靠这种帮助读完中学的。这种做法对被帮助者和助人者都具有很大的教育意义。

例如：伊万 щ. 和维克多 щ. 两兄弟读到四年级时父亲去世了，

母亲也得了病，在六年级学习的哥哥弗拉季米尔 Ш.成了家里最大的孩子。母亲决定让他休学。伊万和维克多说服母亲，请求她不要让哥哥中途辍学。三兄弟暑假期间在农庄劳动，补贴家庭日用，并为自己购置教科书。班集体也在经济上大力支援他们。同学们从夏天劳动所得中拨出一部分钱作为同学之间进行互助的基金。

两兄弟读完七年级后，本决定参加工作，但班集体说服了他们的母亲，让他们继续留校学习。孩子们还帮助两兄弟准备好过冬的柴火，而且把班集体两年来义务劳动所得的报酬都用来为两位兄弟付学费。这一切都做得十分秘密，以至被帮助的人根本不知道班集体为他们付了学费。班上也从来没有任何一个同学说过一句哪怕是含沙射影的话，使他们感到自己在某种程度上是依附于班集体的。孩子们这种含蓄而巧妙的做法说明他们很富于同情心，很无私，很具有自我牺牲的精神。

培养真正的人道主义，培养关心人、同情人、对人热忱等品质的另一个重要途径是让少先队员、共青团员和低年级的孩子建立友谊。

五年级一个少先队中队的队员在加利娅 Т.入学前就和她建立了友谊。加利娅是个有病的孩子，她的手、脚、关节都因长期患病而经常疼痛，天气不好时尤其厉害。有时无特殊原因也会犯病，而每次犯病，加利娅就要一连好几个星期卧床不起。当少先队员们和加利娅结识时，她恰巧正在犯病。孩子们想尽一切办法减轻加利娅的痛苦，他们每天清晨来到她的家里，帮助她的母亲把她从屋里抬到阳光下，安顿在一张小床上。为了不让阳光直接晒到加利娅的头部，少先队员们还特意在树上挂了一床被子。少先队员们给加利娅读童话故事和英雄故事。当她过生日的时候，少先队员们还送给她一本带插图的安徒生童话。

阴天下雨时，加利娅特别难受。这时少先队员们的探望更使她感到安慰。但是有一次，正是在加利娅特别难受的时候，少先队员们竟因为忙于准备十月革命节，一星期中谁也没有去看望她。加利娅哭着请求母亲到学校来请少先队员们。母亲来校转达女儿邀请的那天正是节日前夕。班上同学有些为难，谁也不愿在高高兴兴过节的时候坐在病人身旁。这时女教师有意地看了尼古拉一眼，于是这位小男孩便立刻主动提出去加利娅家。节日前夕的整个夜晚，尼古拉都一直守在加利娅身旁，给她读童话、读诗，还给她看有趣的玩具。第二天，学校开文艺演出会时，除尼古拉外，还有两名女少先队员也来到加利娅家。文艺演出会结束以后，全班同学都来了。同学们在加利娅家里把专门为十月革命节准备的节目又重新演了一遍。

从此以后，再没有出现节日期间加利娅独自过节的情况，她身旁总是有少先队员陪伴着。每一次，当需要有人为了生病的加利娅而牺牲自己和集体在一起所能享受到的欢乐和愉快时，教师总是号召同学们自愿报名。自愿报名者却常常是那些平日对同学漠不关心，甚至毫无感情的孩子。这是因为大家都懂得，教师号召他们去做的这件事情显然是十分高尚的，任何一个孩子的心也不能不为之所动。到了冬天，加利娅的病有了好转。少先队员们常把她扶到户外呼吸新鲜空气，还专门为她做了一个手推雪橇。新年时，加利娅被接到学校来看新年枞树。此外，孩子们还在她家里做了一个小新年树。后来这种做法形成了传统，凡是在新年时生病的孩子，少先队员和共青团员都要在他们家里布置一株新年树。

春天，学校工厂在五年级同学的帮助下给加利娅制作了一个小推车。天一转暖，加利娅就坐上小推车在户外晒太阳。

到了夏天，加利娅的健康情况明显好转。少先队员们把她接到自己举办的少先队夏令营里，让她在这里一边休息，一边复习功课准备上学。到了加利娅该上学的时候，全班少先队员还送了她一件乌克兰式衬衣，并亲手在衬衣上绣了花。可是加利娅上学后两个月，就又病倒了。这时加利娅的少先队朋友们已经是六年级的学生了。他们为了不让加利娅落后，每天轮流到她家里，教她认字母，教她读、写、算。一年级女教师也经常来加利娅家，指导少先队员们应如何教生病的加利娅，使她不至于落后于班上的同学。初冬时，加利娅能起床了，可是上课一个半月之后又病倒了。少先队员们意识到重大的担子落在了他们肩上。大家认为加利娅理解力强，又很勤奋，如果在家里教她，有可能使她不掉队。于是，少先队员们开始了一次看起来极其平凡，但既需要耐心又需要细心的日常劳动。他们付出了极大的精力，使这位上学仅两个月左右的小姑娘赶上了班级教学进度，并使她从一年级升入了二年级。在一个春光明媚的日子里，校长、教务主任和教师都来到加利娅家，他们考核了加利娅的知识和技能，最后宣布：教务会议同意加利娅升入二年级。与此同时，他们还口头嘉奖了帮助加利娅的少先队员们。对于孩子们来说，这是十分愉快的一天。

二年级时，加利娅仍然经常生病。木工按少先队员们的请求，给加利娅做了一个能让她坐起来，并能俯在小桌上写字、画画的设备。就这样，加利娅在大班同学的帮助下读完了二年级和三年级。后来，她被送进疗养院疗养，健康情况大为好转，但她和大孩子们的友谊从未中断。快要毕业的大哥哥大姐姐们也一直关心着加利娅的成绩，查看她的作业本，帮助她完成指定的作业。

毕业班的孩子们和加利娅告别的情景是十分动人的，每个毕业生都送给了加利娅一本签有自己名字的书。

关心同学，认识到自己对同学道义上的责任，无偿地为同学付出劳动，这些行为可以使看起来难于接受教育、冷酷无情的孩子变得高尚起来。即使是最冷漠无情，最没有同情心的孩子，只要我们能启发他们去关心别的孩子，那么他们自己就会逐渐变好，变得富于同情心，变得善于关心他人的痛痒。

教师们谁也忘不了尼古拉，这个执拗而不听话的学生。最有耐心的教师对他也束手无策。这并非因为他调皮、会出鬼花招，而是因为他对一切人和事，尤其是对集体和同学们的利益都漠不关心。尼古拉的这些缺点后来逐渐在四、五年级各班的男孩子里也都相继有所表现。

一次，班上孩子们花了很大工夫剪辑出一组反映他们暑期生活的照片。而尼古拉穿着湿淋淋的上衣就往上靠。一般来说，无论哪个孩子，若无意中做了这样的事都起码会感到难为情。可是尼古拉却毫无愧色，反而毫不在乎地看了一眼被他弄坏了的照片。更有甚者，当大家建议他另拿一张纸重新写上标题和说明时，他竟不屑一顾。尼古拉对待遇到困难的小同学也是这样冷眼相对。

一次，他在路上碰到一个滑倒在泥泞中的一年级小同学。这个孩子整个身子都趴在地上，身下压着沾满了污泥的书。尼古拉不但不走过去扶他，反而从他身边绕过，而且取笑他说："我可不想也像你一样来个大马趴！"

我对尼古拉进行了仔细的观察，发现正如有的孩子想通过各种调皮捣蛋的行径来引人注目一样，尼古拉主要是想用对一切都漠不关心的态度来引起周围的人，首先是引起教师对他的注意。对这种孩子，就更需要引导他去关心别人了。

于是，我趁节日之机，把一个5岁的小男孩米沙带到尼古拉所在的班上去。米沙是一个孤儿，他的父亲在战争即将结束时阵亡了。班上的孩子们怀着极大的兴趣听我讲述米沙父亲的战斗事迹，以及他牺牲之后因功被追授勋章的情况。我的这番介绍引起了全班同学对小男孩的极大同情。他们答应给小男孩做一个滑翔机模型，还要送给他其他的礼物。这种气氛使尼古拉再也不能像往常那样无动于衷了。他走到小男孩跟前，在他身旁轻轻地对他说："我下次给你带一个能蹦的铁青蛙来。"米沙听了，惊喜得合不拢嘴。从此尼古拉和米沙就建立了友谊。尼古拉送给米沙一些带发条的玩具，此外还送给他好多彩色的小人书、画片、几个自己动脑筋做出来的捉蜘蛛的小玩意儿，还有一些孩子们眼中特别珍贵的"宝贝"。两个小男孩不仅共同制作了一个风筝放着玩，还一起钓鱼、打黄鼠。夏天，尼古拉在坟地里放牛，米沙成天跟着他，两人形影不离。

全体少先队员对米沙表现出的关怀之情打动了尼古拉，使他和同学们之间的关系也逐渐亲密起来。在这个一向故意表现得粗暴无礼的孩子身上，逐渐可以看到他对米沙，而且不仅是对米沙，还包括对其他同学的关怀和照顾。

当米沙开始上一年级时，尼古拉已经是六年级的学生了。他加入了少年技术员小组，并且把米沙也带了进去。每当尼古拉锯东西或者剪东西时，米沙总是忠实地守在他身边。

米沙读完一年级时，尼古拉在学校的车间里为他做了一个能开动的快艇模型。这些行动不仅促进了米沙对尼古拉的感情，同时也促进了尼古拉对班集体的感情，因为尼古拉所做的每一件好事都得到班上全体同学的热情赞扬。从二年级起，米沙就正式参加少年技术员小组的活动，和尼古拉一起进行操作了。

要相信孩子

米沙对尼古拉的信任和感激变成了一股力量。这股力量不但激励尼古拉去做好事,而且还使尼古拉相信他自己是个好孩子,是个诚实而正直的孩子,相信只有这样做才是正确的。尼古拉在和米沙建立友谊以前对自己成绩的好坏满不在意,可是现在他对分数也十分重视,唯恐落后。

米沙在三、四、五年级学习时,尼古拉正好在八、九、十年级学习。班集体对米沙的关心越多,尼古拉就越意识到他对米沙的这一份关心实际上是自己在对班集体应尽的义务。米沙在四年级时,算术成绩跟不上班级的进度。尼古拉班上的共青团员们在会上讨论了米沙学习成绩的问题,尼古拉当场提出承诺,一定要帮助米沙学会解习题。他履行了自己的诺言。几个月中,尼古拉一直辅导米沙的算术,详细给他讲每道题的内容,他按照自己的方法,从学生的角度教米沙做练习。本来米沙在学习算术时困难很大,他之所以能克服这些困难,一方面是因为他付出了艰苦的劳动,另一方面也是因为他对尼古拉有一种义务感,不愿意让尼古拉因为他而丢脸。

尼古拉在快读完十年级时,把自己最好的钳工工具都送给了他的小朋友米沙。米沙也踏上了当年尼古拉曾经走过的道路,他也成了少年技术员小组中最积极的一员,他像尼古拉一样,和一个三年级小男孩交了朋友。这位三年级的小朋友既从他的大朋友米沙那儿学习技能和技巧,又学习他高尚的品德,即无代价地为集体劳动,对人关心体贴、真挚诚恳。

在我们学校里,共青团员对少先队员的生活、劳动以及道德面貌,都要承担一定的责任;要负责挑选最优秀、最符合条件的少先队员加入共青团组织;还要负责从道德方面培养这些未来的团员。至于少先队员和十月儿童之间的联系形式,则是由条件最好的模范少先队员固定联系某几个十月儿童。少先队大队在分配少先队员联系十月儿童时,自然也

教育孩子学会关心他人

要照顾孩子们的志愿以及学生集体中的其他各种关系。一般来说，联系十月儿童的工作都分配给六、七年级的少先队员去做，个别情况下，也可以分配给最优秀、条件较好的五年级学生。

少先队员要负责给十月儿童讲述苏联人民在和平建设时期和捍卫祖国独立的战斗岁月里表现出来的英雄气概与自我牺牲精神，讲述那些为了苏联人民的幸福而献身的英雄少先队员的事迹。他们用通俗易懂的语言给十月儿童讲述伟人列宁的生平，强调指出少年列宁主义者一定要在日常劳动中为实现列宁的遗嘱而努力奋斗。以上对少先队员提出的一般性要求是通过我校少先队、共青团组织生活中长期以来形成的许多传统活动具体化的。例如，我们学校里有一个"少先队员聚宝匣"，凡是少先队员做了好事，如种了一株树、养了家兔或蚕、灭了果树上的害虫、搜集了果树或绿化树的树种、为体育室或实验室做了直观教具等，都算是向"少先队员聚宝匣"献了"宝"。每肯定一次少先队员所做的某件

▲ 孩子们在精心饲养小兔子

63

好事，少先队都要安排一次隆重的仪式：先由做好事的少先队员把自己对"聚宝匣"所献的"宝"禀报给小队长，再由小队长向全体少先队员宣布。

如果全体少先队员一致认为某个队员的贡献很有价值，那么就可以把他的事迹记载到校一级"少先队大事记"里去。这个"大事记"实质上是孩子们参加共产主义建设的大事记。除少先队外，团组织和党组织也有权往"少先队大事记"里记载优秀的事迹。

负责帮助十月儿童参加少先队组织的队员，要把大队、中队和小队里队员做的所有的好事讲给自己联系的对象听，让他们看"少先队大事记"。这样做的好处在于能够使十月儿童更渴望早日获得"列宁主义者"的崇高称号，向往着有一天他们的名字也能被记载在"少先队大事记"上。

一般来说，凡十月儿童对"聚宝匣"做出的贡献都会以集体——小组的名义记载下来，但与此同时，我们尽量让每一个孩子都能意识到并感觉到他个人的成绩。

有一年，根据教师的要求，少先队大队委员会决定让六年级学生卡佳联系加利娅、尼娜、瓦利娅、娜达莎四个小姑娘。卡佳把小姑娘们带到农庄畜牧场来，参观她负责饲养的两头小牛犊，参观班上同学在农庄为少先队开辟的园地里种植的饲料样品。少先队员为农庄畜牧业所做的贡献给小姑娘们留下了深刻的印象。她们了解到每年少先队员用自己辛勤的劳动给农民提供的饲料可以供不少于100头牛整个冬天食用。十月儿童们在了解了这些情况以后，自然也产生了为"聚宝匣"贡献一份力量的愿望。关于"聚宝匣"，他们在此之前已经听说过很多了。于是，卡佳建议自己的小朋友们着手为农庄的实验田准备玉米种子。几星期之

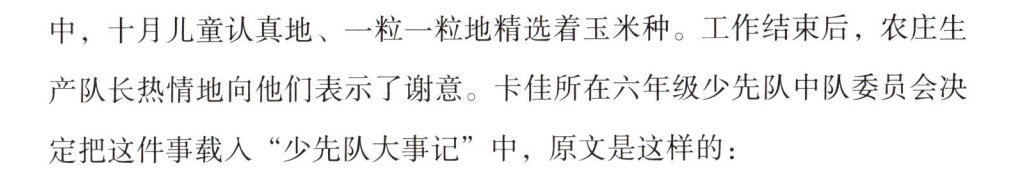

中，十月儿童认真地、一粒一粒地精选着玉米种。工作结束后，农庄生产队长热情地向他们表示了谢意。卡佳所在六年级少先队中队委员会决定把这件事载入"少先队大事记"中，原文是这样的：

"一年级（1）班十月儿童小组做了一件好事。他们用双手剥出了100公担玉米粒，并经过精心挑选，使种子的质量完全达到播种所要求的标准。这是十月儿童为共产主义事业做出的第一次贡献。农庄用十月儿童精选的种子打了300公担左右玉米。十月儿童们，希望你们今后仍继续保持热爱劳动、忠于人民的精神！"

虽然孩子们对这一段记载中的每一个词不一定都理解得十分透彻，但主要的东西，总的精神，社会对他们所做事情的肯定，他们是能理解，而且是能够感受到的。通过这件事情，孩子们明白了：把自己的力量贡献给人民的人是会受到社会赞扬的。他们第一次体验到一个公民的尊严感。我们认为孩子们越早开始体验这种公民的尊严感，就越会重视集体对他们的信任，越会珍视自己的名誉，越能关心他人的困难、要求和利益。

卡佳坚持和小姑娘们一起劳动，教她们选种，并注意把刚开始劳动时建立起来的热情保持到最后。这个年仅13岁的少先队员对待自己的工作十分严肃认真，每当一件小事办得不好时，她就像孩子们习惯的那样把它看成是很大的不幸而且为之深感难受。有一次，一个小姑娘忘记了劳动时间，卡佳就亲自到她家去把她接来。劳动结束后，还写了一张纸条注明劳动时间，送给小姑娘，以免她再次忘记。

少先队总辅导员和教师也协助卡佳不断创造新的方法吸引孩子们参加各种劳动。在孩子们刚刚备好玉米种后，卡佳又建议她们搜集洋槐树种。卡佳给孩子们讲种槐树的意义，告诉她们，通过这项劳动，可以防止土壤被冲刷，帮助农庄完成党和政府交给他们的任务。

在卡佳联系十月儿童时，她自己也正准备条件争取加入共青团组织。对于她来说，劳动也具有很大的意义，因此孩子们都很信任她。过了一段时间，卡佳和十月儿童共同采集的槐树种子播下去了。但播下去的种子过了好几个星期也长不出苗来，十月儿童们十分着急。最后苗儿终于长出来了，孩子们有说不出来的高兴。于是在"少先队大事记"里又出现了新的一页：

"一年级（1）班十月儿童播了两公斤槐树子，几乎所有的种子都发了芽，沟壑里的斜坡上将长满槐树，土壤将免于遭受冲刷，希望大家都能以十月儿童为学习的好榜样！"

当卡佳负责联系的十月儿童快读完二年级时，她自己已经是七年级的毕业生了。她建议吸收几个条件最成熟的十月儿童入队，而她对十月儿童做了大量工作的事实也证明她已具备了入团的条件。

多年来，我们学校形成了这样一个传统：团委会要给六、七年级的每个少先队中队配备一名优秀的共青团员，这名优秀团员一般都从八、九、十年级的学生中选拔。这样做的目的是让这位共青团员能够在二至三年的时间里对所联系的少先队中队连续进行思想教育工作。比如，就列宁共产主义青年团的历史和少先队员们进行座谈，把学校共青团组织各方面的活动情况介绍给少先队员们。这些座谈和介绍帮助少先队员们逐渐形成一个概念：共青团组织的大门是对每一个青少年敞开着的，但是只有忘我地为共产主义思想而奋斗的人才能被吸收进去。六、七年级的班主任有责任协助共青团员准备出思想内容丰富而全面的材料。

此外，对于少数在学习和纪律方面都能起模范带头作用的最积极的少先队员，则应帮助他们学习共青团团章，也可由团组织交给他们一些任务。一般来说，每一个中队都有几个这样的优秀少先队员。团委会要指派团员对他们进行个别帮助。共青团员们认为这是一项最光荣的任务。申请入团的少先队员很多，因此接受这一光荣任务的共青团员也不少。团委会一般更多地把这项任务交给新团员，因为这样做可以使每一个青年在他（或她）参加团组织的第一个月起就不但只教育自己，而且还教育别人。实际上让共青团员关心少先队员，也就是在对共青团员进行道德教育。

共青团员对少先队员的各个方面包括学习态度、劳动态度和品行都要像对自己一样负责任。如果一个少先队员做了坏事情，那么我们就认为犯错误的不仅是这个少先队员，负责教育这个少先队员的共青团员也有责任。共青团员们还要让少先队员们参加一些团组织的公开会议，并逐渐吸收他们参加一些团员的活动。此外，未来的共青团员一定要完成一项团组织委派的重要任务。

1955年夏天，团委会给七年级的一个小组（共4人）分配了一项任务：设立一个少先队岗哨，保护收割下来的庄稼。团委会指派了一名共青团员做岗哨的负责人。少先队员们要认真监督执行各项防火条例，一旦有违反者，便立即向大田队队长和拖拉机队队长报告。此外，少先队员还负责对地里庄稼的长势和成熟状况进行观察，并随时报告给拖拉机队队长。收割时，少先队员们密切注意使装置在收割机上的谷物收集器能始终保持正常运转；密切注意汽车和大车的车身不要出现缝隙。一次，在打谷场上，少先队员们发现，发动机排气管在排废气时冒出许多火星，风一吹，火星便飞到藏有几千普特小麦的带篷的脱粒场上。少先队员们立即跑到司机面前，把这一情况报告了他。司机调整了发动机，火星随即便消失了。第二天，排气管上安上了一个火花消灭器。少先队员们因工作认真细致而受到了嘉奖。

岗哨上的四名少先队员中有三名被吸收入团，另一名因表现不够积极，入团问题暂不考虑。团委会给这位没有入团的少先队员布置了一项新任务，而负责培养这名少先队员入团的共青团员则受到了批评。

对于三名加入了团组织的少先队员来说，参加护粮岗哨的工作是他们参加社会活动的严肃的第一课。少先队员加入共青团后能否提高责任感，不但取决于他是否深刻地意识到自己今后应承担的义务，还取决于他在此之前是否已参加到团组织的生活中来。

我们认为，从教育的角度看，在分配给少先队员完成的各种任务中，收效最大的是那些能为社会、集体创造物质财富的任务。这种劳动在绝大多数情况下不给学生本人带来物质利益，但越是无私的劳动，越能使未来的共青团员的道德面貌高尚起来。

在进行以上工作时，还有另一种形式的思想工作，就是少先队员，尤其是负责联系少先队员的共青团员，在完成某项重要任务时还要负责时常关心和照顾某一个或几个同学。这种关心和照顾越认真、越深入，这名队员或团员个人的集体主义精神也就会发扬得越充分。所谓集体主义精神主要指：关心集体的成就，争取让整个集体中的成员，而不仅是个别优秀团员都成为好学生，都受到表扬。下面的事例可以证明以上论点。

弗拉季米尔比同班同学大一岁。他从五年级开始就争取入团。团委会给他和他的一个同学伊万布置了一项任务：在班里组成一个"能手"小组，为幼儿园的孩子做玩具。弗拉季米尔兴致勃勃地开始

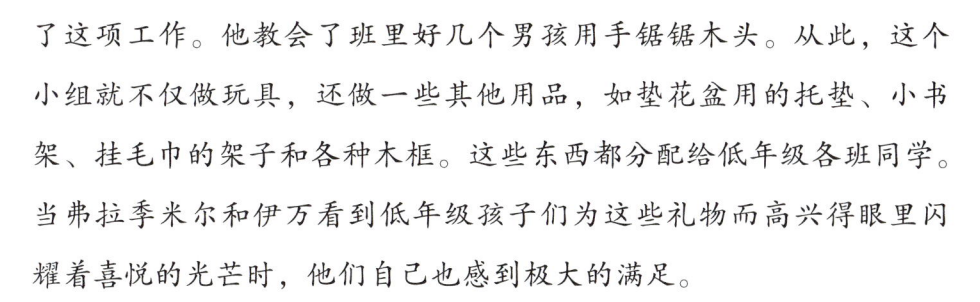

了这项工作。他教会了班里好几个男孩用手锯锯木头。从此，这个小组就不仅做玩具，还做一些其他用品，如垫花盆用的托垫、小书架、挂毛巾的架子和各种木框。这些东西都分配给低年级各班同学。当弗拉季米尔和伊万看到低年级孩子们为这些礼物而高兴得眼里闪耀着喜悦的光芒时，他们自己也感到极大的满足。

一年后，弗拉季米尔和伊万对收音机产生了浓厚的兴趣。入团前夕，他们俩合作，制成了一台晶体管收音机，送给五年级的同学。

这样，弗拉季米尔和伊万在入团前两年的过程中一直不断地关心别人，把自己的力量和技术献给了集体。

除了参加创造具有物质价值的活动以外，少先队员或共青团员还有一些同样重要的社会工作，例如，团委会委派少先队员帮助文化水平低的妇女或老人学文化；负责提高低年级不用功、纪律不好的学生的成绩；帮助老人和残疾者等。完成这些工作，也和干体力劳动一样需要顽强的精神和极大的耐力，需要付出艰苦的劳动。

教中年以上人学文化的工作，一般都由13—14岁的少年承担。这项工作往往变成一种特殊形式的思想教育工作。因为学生们不仅教他们读和写，还给他们解读党和政府的各项政策，这在一定程度上也促进了他们的日常劳动。这项任务一般都由纪律性最强、最有自制能力、品行最好的学生来完成。

这种团结友爱、互相帮助、人人关心他人、互相负责的人与人之间的关系，是进行共产主义思想教育的力量源泉。因此，我们一贯竭尽全力巩固和加强这种关系，做到让每一个学生从小就能把自己相当一部分的力量，包括精神和物质两方面的力量，用于建立集体的好风尚。

少先队员的社会义务

我们一贯努力争取达到的目标,是在学生的青少年时期就培养起他们成熟的公民义务感,也就是把为社会服务看成是一个人应具备的、最重要的品德。

在这方面,少先队组织起着重要作用。它从孩子们尚处于幼年时期起,就引导他们积极参加社会政治活动。我校少先队大队里有各种儿童业余组织,每个组织都是某项社会公益劳动的组织者。其中最活跃的一个组织是"保护大自然"委员会。这个委员会分几个小组,即保护森林、果树及其他树木花草组,保护土壤组,"花、鸟之友"组,养鱼组,养蜂组等。

保护森林、果树及其他树木花草小组的少先队员们一旦发现果树或绿化树上出现害虫,便向小组长汇报。必要时全组立即带上手提喷雾器,奔向出现害虫的地方。不少次病虫害都是由于少先队员们及时采取了措施,树木才得以免遭严重损害。

1955年夏季,少先队员报告组长说,护田林带里出现了危害性很大的害虫——松针黄毒蛾的幼虫。于是,他们把整个护田林带都喷了一遍药水。但是三天之后,幼虫的数量反而急剧增加,于是少先队大队全体成员都投入了消灭害虫的战斗,甚至夜间也安排了值班岗哨,后来孩子们终于找到了产生松针黄毒蛾的根源——原来在离护田林带不远的一条沟壑里长满了杂草和灌木。少先队员们用化学药剂对灌木丛进行了妥善处理，把杂草也清除干净。

这件难忘的事情以后，保护大自然委员会专门成立了一个小组，负责铲除杂草，因为杂草是产生害虫的温床。这个小组的成员经常到各沟壑、荒地、偏僻的地方和庄员们的宅旁园地进行巡视，一旦发现某处有杂草，便立即报告农庄管理委员会。至于个别居民则发给通知书，这种通知书一般称作"信号单"。"信号单"里写道，如若再不对杂草采取措施，则将威胁果树或其他树木的成长。

除杂草小组的工作对村里的公共事宜，对提高庄员们劳动和生活的文明水平都起到了良好的作用。一般庄员们在收到"信号单"以后，就着手铲除杂草，而且采取措施，不让杂草第二年重复出现在这块地方。近年来，由于小组有效开展工作，我们村里的害虫明显减少了。另一方面，通过保护树木花草这项工作，也可以培养孩子们的原则性和与违反社会利益的行为进行斗争的不妥协性。

1957年，护林小组主动提出在晚上和夜间设岗哨看守林带。夜间站岗给孩子们带来极大的快乐。不平常的环境，某种特殊的神秘感和一定的危险性——这一切都给这项平凡的工作增添了浪漫主义的色彩。一次，值勤的哨兵逮住了两个前来盗伐树木的人。从此以后，值夜班这项工作的意义在孩子眼里就更为神圣了。被扣住的两个人中的一人，正是值夜班的一个少先队员的父亲。结果他的儿子，一个七年级的学生，亲自把父亲骑来偷树的马交到村苏维埃去。这件事轰动了整个少先队组织。孩子们围绕对社会、对家庭的义务问题展开了十分激烈的争论。绝大多数队员对这位少先队员的行为大加赞扬。因为尽管父亲曾企图让他也参加犯罪活动，而他却没有被父亲的训斥和威胁所吓倒，忠诚地履行了一个少先队员的义务。

少先队员热尼亚两次提醒担任大田队队长的叔叔说，他家旁边高围墙后不显眼的地方长了杂草，各种害虫的幼虫就躲在这里过冬。后来少先队发给这位队长一份"信号单"，他答应三天之内一定把杂草全部除掉，但是却没有履行自己的诺言。于是，热尼亚就这件事给农庄的墙报写了一篇稿子。后来，叔叔见到热尼亚时，表示对他很不满意，并说，万万没有想到自己的侄儿会干出这种事来。

"叔叔，"热尼亚回答说，"您自己不是不止一次在庄员会上说，一个真正的庄员应该把社会利益看得高于个人利益吗？您为什么说的是一套，做的又是另一套呢？"叔叔一时不知该如何回答是好，想了想后对热尼亚说："好小伙子，愿你永远这样做！你一定会是一个真正的列宁主义者。"

保护土壤小组也做了许多具有重要经济意义和政治意义的工作。我们不断教育孩子们并使他们懂得，肥沃的土壤是全民的财富。我们每一个人的责任在于，当我们向下一代移交这份财产的时候，应当让它比我们从前辈手中接过它来时变得更多一些。

每年，保护土壤小组的少先队员们都要把农庄所有的土地检查一遍。如果发现什么地方开始出现沟壑，少先队员们便立即向农艺师报告。庄员们就在这些地方开辟新的护田林带，种上树木。少先队员们则对树苗进行精心管理。

一次，由于拖拉机手注意力不集中，误把一块栽了树苗的地耕了。少先队员再三说明，如果这块地上长不起树来，那么几年以后这里就要出现大坑，最后将形成一条沟壑。后来庄员们便在这块地上重新栽上了树苗。

又有一次春天，保护土壤小组的少先队员们发现一位拖拉机手在有斜坡的地方耕出的垄沟不是横的而是纵的，这很容易造成最表面一层土壤的流失。他们将这一情况报告了农艺师，农艺师立即来到地里，责令拖拉机手根据具体地貌条件进行耕作。这位拖拉机手当农艺师在场时，耕得合乎要求，可是农艺师离开后，又不按照他的要求办了。于是，少先队员们便跑去找农庄党组书记。据庄员们反映，近年来，违反农业技术操作规程的现象大大减少了。谈到少先队员时，拖拉机手们也满怀尊敬地说：

"你可骗不过这些孩子们，就是你想要不按规定干也办不到。咱们的少先队员可真棒！"

有时，少先队员们还会遇到各种形式表现出来的私有制思想，还要和因循守旧的落后思想进行斗争。如个别庄员在宅旁园地上年年栽种同样的农作物。这样做的结果导致土壤逐渐贫瘠。对于这些庄员，少先队员也要发给他们"信号单"，劝他们多施肥料，进行轮作，并强调说土地不是个人的，而是全体人民的财产。

绝大多数情况下，庄员们对于少先队员的劝告是感谢的。当然也有的庄员对此不能正确看待。他们怒气冲冲地对孩子们说，没有见过鸡蛋教训母鸡的事，说他们乳臭还没有干哩等等。这时，我们就向少先队员解释说，庄员们的这些话，说明他们还不懂得自己对社会的义务。我们应该先耐心地听他们说完，然后再向他们宣传应该怎样生活和劳动。

养鱼小组的任务是负责保护和繁殖池塘里的鱼。夏天，孩子们参加喂养一种叫作镜鲤鱼幼鱼的活动。在一定的季节里，少先队员们还要接受共青团的任务，在池塘的岸边站岗，防止有人前来偷鱼。

养蜂小组的任务就更多更复杂了。组员们在闲散的荒地和林间空地上,在沟壑的斜坡上和沟壑附近的凹地里,选择比较肥沃的土地种植蜜源植物——泛喜草和三叶草;严密地监视着不让任何人损坏森林中最宝贵的一种蜜源植物——菩提树。少先队员把所有的菩提树都进行了登记。每年春天,他们都要小心翼翼地把根部长出来的幼芽挖出来,移植到村里的各个地方,尤其是移到学校的园地里。孩子们在向日葵和荞麦地里放了许多盛满水的木桶,为蜜蜂设立了一个特殊的饮水站。近年来,少先队员们一直和蜜蜂的敌人——黄蜂、白蝇、蜘蛛、胡蜂进行斗争。

至于"鸟儿之友"则是下列活动的组织者和积极参加者:做椋鸟巢,并把它们挂起来;安置饲鸟巢,保护鸟窝等。

冬天,少先队员们建起数十个"鸟食堂"。从夏天起,他们就开始搜集西瓜子、南瓜子。为了引来山雀,他们还特意搜集了牛蒡草子。凡是撒了用油炒过的牛蒡草子的地方,都可以引来上百只山雀。

在最困难的冰冻时期,树枝上也都挂着冰。这时,护鸟小组的孩子们就主动去换鸟巢里的食,把树皮上的冰取掉,以减轻啄木鸟的艰苦劳动。

参加"花儿之友"的成员都是非常喜欢养花的,他们精心地管理着校园里培植的花坛。我们认为,养花这项劳动在道德教育中具有重要的意义。我们要求每一个学生都要在自己家宅旁的园地里开辟一个小花坛,并在室内养花。春天的时候,"花儿之友"一一查看庄员家的院子,告诉他们什么地方最适宜开辟花坛,应该种什么花以及如何进行管理等。每学期结束前的一天,我们学校总要举行一次花会,孩子们都把自己家里养的最好的花带到学校里来。

花友们并不害怕和那些不爱养花,对花毫无感情的人打交道。比如，有一个庄员的窗前长满了杂草，孩子们劝他在这一块地方开辟一个花坛。可这位庄员对孩子们的劝告只是冷冷一笑。于是，第二天一清早，刚四点钟的时候，孩子们就来到他家院里，在他窗前开出了一个花坛，而且还在房子旁边插了一根木杆，木杆上钉了一个牌子，牌子上写道："叔叔、阿姨，我们请求你们精心养护这些花儿！"

这件事给这位庄员家留下了深刻的印象。从此以后，他们家每个成员都精心地培育起花来了。

春、夏、秋三季，少先队大队委员会都要发起一次采集药材、制革、制纤维品、制油等用的植物竞赛。参加竞赛的少先队员们首先要熟悉各种植物的外形，其次要仔细观看植物标本集。采集植物的活动一般都分组进行，每组4—5人。这种活动不仅给孩子们带来无穷的乐趣，同时还可以在那些缺乏意志力和组织纪律性不好的学生身上培养起毅力、耐力和果断精神。在一般情况下，孩子们每次出动都能带回大量的"胜利果实"，其他队员们则可以从这些孩子那里得知什么地方生长着那种有用的植物。

还有一个业余小组叫作"卫生岗"。"卫生岗"的活动范围也很广，这个小组一般由7—8个少先队员组成。"卫生岗"的成员经村苏维埃批准，有权检查各庭院和后院的卫生。"卫生岗"的少先队员们还在居民中进行宣传工作，告诉大家应该如何保存食物，如何饲养家禽。

尽管孩子们以各种形式参加了经济和政治生活，但是生产劳动始终是他们参加社会活动的中心。几年前，我们学校出现了一些少先队员组成的"高劳动生产率"小队。这是吸引孩子们参加劳动的一种形式。

教师们从一开始就认识到少先队员参加劳动的重要教育意义在于劳动是一项集体活动。后来实践进一步证明：只有通过以提高劳动生产率，取得显著经济效果为最终目的的劳动，才能使孩子们对集体的责任感巩固下来。

少先队的小队和业余小组的活动是密切配合的。少先队小队的产生是基于某些孩子对某项活动有共同的兴趣。因此，一个少先队小队里往往有不同班级的队员。有时少先队小队的成员里还有十月儿童。他们由于共同在少先队中进行劳动而有了共同的兴趣。这是他们之间能建立起友谊并使其得以巩固的基础。

少先队小队的劳动场所是学校的教学实验园地和集体农庄。每个小队的劳动都和农庄里大田作业或畜牧业的某项工种取得紧密的联系。当然在选择工种时，我们总是挑选那些孩子们力所能及的，并且有机会给他们进行实验的劳动项目。比如近三年来，我们学校组织了养蚕、养兔、畜牧、蔬菜、玉米等少先队小队。

各小队在劳动中的许多事例都可以说明，齐心协力地为同一个目标而奋斗，可以培养起孩子们的责任感。

我们学校有好几个种植蔬菜的少先队小分队，他们已经工作15年了。每个小分队有十二三位少先队员。他们是四—六年级的学生。农庄拨给每一个小分队面积为0.10—0.15公顷的实验田。和其他的小分队一样，能够激发这个小分队劳动兴趣的，也是其力争提高生产率，尽全力获得超过农庄庄员所获得的物质成果。蔬菜小队的实验田就在农庄的大片土地之中，孩子们在庄员们眼前劳动，使他们更加认为自己的劳动有重要意义。

小分队和农庄里的农艺师经常保持着密切联系。领导小分队工作的是大队委员会和自然课教师。但一般的日常劳动都由孩子们自己在小队长的带领下独立进行。小队长和队员一样进行劳动，此外还要对劳动情况进行登记。

每个小分队种植什么蔬菜——白菜、西红柿或土豆，完全由孩子们根据自己的意见自由选择。孩子们为了争取提高产量，秋天起就开始积肥。培养积肥这项日常劳动的兴趣是很困难的，孩子们之所以能热情高涨地完成这项工作是因为这项劳动具有鲜明的社会性。培育白菜、西红柿的秧苗，以及将秧苗移植到地里并进行管理，与其说需要付出大量的体力劳动，毋宁说需要认真、细致的劳动态度和劳动技能。根据农艺师和自然课教师的建议，孩子们采用了各种不同的方法在暖房里培育秧苗。

从苗圃往地里移植秧苗时，全体队员都来参加，因为这是一项按传统习惯必须由集体来完成的农活。孩子们非常喜欢这项劳动，每次都像对待一个特殊节日似的对待它。

种植蔬菜的每一个小分队都是一个团结而坚强的集体。在这个集体里，同学之间已经非常习惯于相互帮助和为达到既定目标而共同奋斗。

这种少先队的"高劳动生产率"小队在培养十月儿童参加少先队组织方面也起着重要的作用。每一个小分队都有几个年龄小的孩子经常跟着他们一起活动，这些小孩子和小分队里的大孩子有着各种共同的兴趣，如喜欢同一种游戏，或者喜欢读书等。这些小孩往往会不知不觉地积极参加到小分队的各项活动中来。如果他们通过和大孩子的共同劳动而产生了共同的志趣，那么少先队大队委员会就委托队员们培养这些小孩，让他们参加到少年列宁主义者的组织中来。与此同时，少先队队员也在小分队里积极准备条件参加团组织。团委会经常把一些重要的任务交给小分队去完成。

由于"高劳动生产率"小队的活动和各业余农业、技术小组的活动之间紧密地相互配合，因而才能使孩子们顺利地达到共青团中央规定的少先队员们应掌握的技能和技巧标准。不论是小分队或业余小组中的劳动都具有明确的社会目的性，这就促使孩子们在掌握各阶段所规定的技能技巧时，能看到其精神上的巨大意义。因此，孩子们把培育出尽可能多的果树苗，尽可能多的粮食作物和经济作物的种子，学会驾驶各种农业机器和使用各种机械看成是十分光荣的事情。

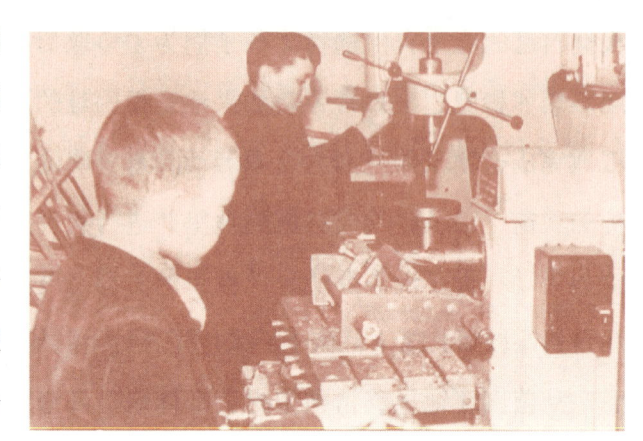

▲ 孩子们聚精会神地操作机器

实践证明，如果从孩子们一入学起就引导他们参加劳动，那么在今后的每个阶段里都有可能使孩子们掌握比团中央规定的更复杂的技能和技巧。比如在"第二阶段"，孩子们就开始学习在台式旋床和钻床上进行操作，学习驾驶摩托车，掌握固定内燃发动机的方法。在"第三阶段"，孩子们就开始在九至十年级大同学的指导下，在技术小组里制作各种车床的活动模型，同时学习驾驶汽车和管理学校发电站。

从以上少先队组织的生活中，我们可以看到：儿童在少先队组织中度过的岁月，不仅是他童年生活中最幸福的时期，也是他一生中在思想方面成长得最快的阶段之一。

共青团员的道德准则

共青团员在帮助希望参加共青团组织的少先队员时，要向他详细讲解列宁共产主义青年团团章。但这种讲解并不是单纯对团章中的某些条款进行解释，而是要涉及少先队员的整个生活和劳动。这位共青团员要指导他如何劳动，如何尽自己对社会的义务，还要教给他如何要求别人，如何要求自己，以及见到违反道德的行为时应如何对待等。由于我校党组织、教师集体和团组织进行了大量思想教育工作，因此我们有可能在几年的过程中形成自己的一套共青团员道德准则。小伙子和姑娘们都努力按准则办事，因为它体现了共产主义社会中人们应有的美好的道德品质。此外，共青团员们每天都能亲眼见到许多被大家公认为具有高度思想性的具体行为，这就使抽象的准则更有了感召的力量。

我们的共青团员道德准则里渗透了青年们追求浪漫主义的思想感情。但这里所指的浪漫主义，是最纯真、最崇高意义的浪漫主义。

"凡是有共青团员的地方，谁也不能不好好劳动。共青团员应和无所事事、浪费等现象进行不调和的斗争。"——这条准则是共青团组织的全部生活内容和方针所决定的，因为这个组织生活的主要组成部分就是从事有益于社会的劳动。

如果某一个劳动集体里有共青团员，而这个集体又是落后的，那么这位团员就应对这种落后现象负道义上的责任。这是我们的传统。

一次，共青团员维克多在农庄里当轮班拖拉机手。他驾驶的拖拉机拖着两个连接在一起的播种机。交班前很长一段时间种子就不够用了，播种机不得不停下来。驾驶拖拉机的维克多等了整整 3 个小时，负责运输的人也没有把种子运来。维克多等到交班时，把拖拉机交给了接班的同志就回家去了。这位接班的拖拉机手不是共青团员，他接班后，也继续等着运种子来。如果仅仅从形式上看问题，维克多似乎没有什么可以责怪的地方，因为他一直没有离开自己的岗位。但是作为一名共青团员，他是否尽了一切努力使机器不停下来，从而避免损失这么多宝贵的时间呢？他是否感到自己也应该对其他同志的工作负责任呢？这些问题在团内的公开会议上被一一提到共青团员的面前。经过激烈的争论，共青团员们得出了以下结论：维克多的做法不符合一个团员的标准，他没有意识到自己应该对整个劳动集体的工作成绩负责任，没有采取任何措施防止出现在工作中的停滞现象，他对于这样一件重要的事情表现出了漠不关心的态度。

"放种子的地方就在 3 公里外"，共青团员薇拉气愤地说，"半小时就可以跑一个来回。如果维克多没有忘记自己是一名共青团员的话，他完全可以请年轻的播种员帮他看一下拖拉机，自己去张罗一下运种子的问题"。

会议最后决定给维克多以团内严重警告处分。这一决定对年轻的共青团员们产生了巨大的影响。它再一次提醒每一名共青团员：不仅要对自己负责，也要对整个集体的事情负责。

对正面的、好的事例，我们也进行讨论，而且讨论的次数更多些。

一次，当斯捷潘运种子的时候，半夜里汽车出了毛病。斯捷潘不等天亮便连夜找到了机械师，取了备用零件，结果不过两个小时，修好的汽车又运转起来了。

共青团员们热情赞扬了斯捷潘的行为。

生产队、农场的负责人和庄员们都一致反映说，凡是有共青团员劳动的地方，游手好闲、损公肥私的人都会感到很不自在。共青团员们当面坦率地批评懒惰、懈怠、浪费等现象，并努力使这些缺点能在劳动过程中得到纠正。

一次，三名共青团员参加石工组垒粮库墙的劳动，石匠们干得很不好，不但上班迟到，而且垒墙用的泥拌得也不合适。此外，共青团员们还发现了几起偷盗建筑材料的事件。他们公开声明：绝不允许偷窃农庄财产的行为再度发生。此后一直到工程结束，也没有再发生此类事件。

在青年们道德面貌形成的过程中，非常需要让他们接触生活中各种各样的现象，让他们不仅能服从他人的意志，而且能独立行动，独立地选择自己虽然艰难，但却诚实而高尚的道路。

"共青团员从不需要别人对他的劳动加以监督，他自己的良心就不允许他不认真地劳动。"——我们从少先队员申请入团的第一天起，就开始向他们灌输这种思想。少先队员在争取入团的过程中，就要独立地、不需要长者从旁监督地完成团交给他的任务，对共青团员来说，这一条当然就更重要了。我们认为，重要的是要让共青团员为别人负责，而不是让别人替他负责。要想真正考验一个人的毅力，必须在只有他一个人的条件下，也就是说当最高法官不是别人而是他自己的良心时，也能得出正确的结论。因此，我们努力使共青团员们能有更多的机会处于这种条件之下。正是在这种条件下，才常常暴露出我们教育工作中的某些缺点。这些缺点在集体劳动中往往是我们连想也不会想到的。有时一个在集体中劳动表现非常好的学生，在单独完成并不太困难的任务时，却显得很没有意志力，不善于克服困难。

鉴于以上情况，学校请求农庄把学习掌握拖拉机、康拜因机、施工、马达工技术的男同学派到无人监督的工地去劳动一段时间。在这种条件下，个人责任感的问题就会显露无遗。

"共青团员必须坚持原则性，不能对违反共产主义道德准则的现象熟视无睹。社会的利益，就是共青团员的个人利益。不坚持原则是最严重的缺点，团组织对此绝不能妥协。"这一条道德准则是通过对坚持原则和不坚持原则的行为进行讨论、对比，最后得出一种正确的、集体观点的方式来贯彻的。这种讨论，一般都是放在那些研究某个总的、纲领性问题的团的会议上进行。

比如，曾经有一次会议专门讨论了"对于共青团员来说，共产主义理想应高于一切"的问题，会上男女青年们以极大的兴趣听了报告。报告介绍了那些为了人民的事业而英勇奋斗的战士——杰出的共产党员的高尚品德。一件件生动的事例逐渐使共青团员们坚信，任何的严刑拷打也不能迫使共产党员背叛自己的观点，坚信谢尔盖·拉佐[1]、埃尔恩斯特·台尔曼[2]、尤利乌斯·伏契克[3]、贝劳扬尼斯[4]，以及其他许多英雄们之所以能如此英勇无畏，是因为他们忠于劳动人民。报告人还从苏联杰出的学者、实践家马利采夫[5]的生平中列举了许多事例来说明共产党员是永远捍卫真理，在任何困难面前也不退却的。报告中还列举了校内先

---

[1] 谢尔盖·拉佐（1894—1920）：第一次卫国战争中的英雄，政治军事家。
[2] 埃尔恩斯特·台尔曼（1886—1944）：德国和国际工人运动卓越的活动家。
[3] 尤利乌斯·伏契克（1903—1943）：捷克人民的民族英雄、作家、政治家。
[4] 贝劳扬尼斯（1916—1952）：希腊人民的民族英雄。
[5] 马利采夫（1907—）：革新能手，斯达汉诺夫运动发起人之一。

进的团员如何在复杂的生活环境中表现出高度原则性的事例，谈到了那些过去遇到困难没有能够克服的同志们今后应如何对待困难的问题。

报告引发了孩子们热烈的争论。男女青年坦率地谈出了自己做过的一些事情。比如，维克多说，播种时他亲眼看到一个庄员有意减少了种子的播种量。他虽明知这对于农庄是有损失的，但却没有作声。因为他觉得当众宣布他亲眼看见了别人犯罪，不太好意思，对此，维克多在会上进行了自我批评。

团组织不仅要求团员们都坚持无神论观点，而且要求在事关共青团荣誉的时候坚持原则。如果一个共青团员的家里，父母都遵循宗教礼仪，而作为共青团员的儿子又不能消除父母的偏见，让他们不这样做，那么这位共青团员自己无论如何不能参加宗教礼仪。有几个少先队员正是因为没有做到以上要求而被推迟了入团的时间。后来，他们坚持向父母进行无神论的宣传，终于说服他们摘掉了挂在屋里的圣像。

团组织里曾经出现过几次共青团员参加亲人宗教葬礼的事情。共青团集体对这些事情进行了分析，经过争论后得出结论，他们认为不论被葬者是多么近的亲属，共青团员也不应该和神父以及教堂里的诵经士走在一起，不应该聆听他们的祷词、圣歌。

经过我校党组织和教师集体的努力，绝大多数共青团员在反宗教的工作中表现出坚定性、原则性和顽强性。有的青年在遇到困难时不但不后退，而且以极大的忘我精神和因循守旧、愚昧落后以及宗教偏见进行斗争。

一次，一位同学的父亲去世了，他的母亲本来就是一个虔诚的教徒，此刻更表现出对宗教的狂热。她禁止三个儿子参加任何课外活动，每天都把他们带到教堂里去，强迫他们做晚祷告。她绝对不允许大儿子

要相信孩子

申请入团，但小伙子却违背了母亲的意愿，他向团组织递交了入团申请书。为了不让母亲发怒，他一直将此事瞒着母亲，但母亲还是得知了儿子的行为。有一天，当儿子要去区委会的时候，母亲强行把他留在了家里。她不仅反锁了门，而且还把儿子的衣服也藏了起来。可是小伙子还是从家里冲了出去，准时到达了区委会。母亲发现儿子走后，随即跟踪而去，想把儿子追回来。此时学校和团区委都站出来替小伙子说话，保护小伙子，给母亲讲道理，说明她无权干涉儿子的社会生活。

母亲被迫暂时对大儿子让步，但却把全部注意力集中到两个小儿子身上，他们都已是少先队员。大儿子安德烈受组织委托，承担了帮助两个弟弟入团的工作，而母亲却千方百计地加以阻挠。少先队大队的生活比起母亲的那些关于上帝的神话要有趣得多，内容丰富得多。最后，两个弟弟弗拉基米尔和格里戈里也参加了共青团。

三兄弟开始共同努力，帮助母亲转变成一个不信教的人。这个任务看起来似乎是不可能完成的。母亲由于狂热地信仰宗教，对待儿子的态度简直达到了残忍的地步。后来，共青团员们改变了方法，他们利用母亲的某些弱点，主要是她对儿子盲目的、本能的爱和为他们的命运担惊受怕的心理，逐步地、潜移默化地对母亲进行反宗教思想的宣传。母亲很喜欢儿子给她读书，于是他们在给母亲读文学作品的同时，也不时地读一些揭露教堂里真实情况的书。这些故事第一次使她开始感到，在此之前盲目相信并认为是不可动摇的真理值得重新考虑。三年之内，小伙子们给母亲读了好几部 И.弗兰柯[1]、B.雨果[2]、Л.托尔斯泰[3] 等著名作家

---

[1] И.弗兰柯（1856—1916）：乌克兰作家。
[2] B.雨果（1802—1885）：法国伟大作家。
[3] Л.托尔斯泰（1828—1910）：俄国伟大作家。

揭露教堂以及教堂里的执事们伪善面目的长篇和短篇小说。有时母亲责备孩子们说，读这种书是犯罪，但后来她自己又主动要求孩子们继续给她读下去。

对于一个长期盲目相信上帝的妇女说来，失去信仰简直是一场巨大的灾难。她经受了无比的痛苦，才慢慢建立起新的信念。其中对她影响最大的是一个老游击队员所讲的故事（这个故事是由儿子们逐字逐句向她复述的）。故事中讲到了村里的牧师们在国内战争时期起了可耻的叛徒作用。

可以直接触动母亲的思想认识和感情的时刻终于来到了。一次，二儿子（当时大儿子已经到大学学习去了）直截了当地向母亲谈到宗教里的不道德行为，而母亲居然没有对此表示任何反对意见。因为她已经懂得，世界上许多可怕的残暴行为都是在上帝的名义下干的，而宗教里的坏人却将真情向劳动人民掩盖起来了。

母亲变得十分忧郁，成天若有所思，沉默不语，虽然她仍按老习惯经常去教堂，但她过去在履行宗教礼仪时常出现的那种心醉神迷的现象已不复存在了。后来母亲去教堂的次数也逐渐少起来，最后终于不再去教堂了。她把家里挂在墙上的圣像摘下来，送给了一位信教的女邻居。她对女庄员们说："我美好的青年时代都在黑暗中度过了。我虔诚地相信上帝。现在孩子们打开了我的眼界，使我认识了世界，我真感谢他们。"

村里有一个领取抚恤金的老游击队员，他本来安安静静地在村里度着自己的晚年，可是教堂里的牧师们硬把他拉入了自己的圈子。从此，老人开始积极地去教堂。一次，教会的长老无意中泄露了神父把这位老游击队员拉进信教者的圈里，主要是为了想等老人去世后，为他按宗教仪

要相信孩子

式举行一次葬礼,并把这位有战功的老游击队员的宗教葬礼变成某种示威,从而把更多新的信徒,尤其是青年中新的信徒吸引到教堂来。共青团员们决心通过启发来提升这位老游击队员的觉悟。他的邻居——两个女共青团员开始和老人交朋友。她们给他读文艺小说,所选的主要是那些揭露革命时期和国内战争时期宗教所充当的反革命角色的书。老人由于视力不好,已经好几年没有读过书了,文艺作品刻画的鲜明形象对老人产生了巨大影响。尤其是 B. 扎克鲁特金[①]的长篇小说《世界的创造》一书使老人大为震惊。书中真实地令人信服地描绘了宗教所起的险恶作用。这使老游击队员从此毅然拒绝再去教堂,并收回了同意按宗教仪式举行葬礼的遗嘱。他请共青团员们等他死后,把他作为一个共产主义战士来进行安葬。老人的这一遗嘱使牧师们想要显示一下宗教力量的企图遭到了失败。

▲ 苏霍姆林斯基引导孩子们多读、多想、多探求

[①] B.扎克鲁特金(1908—):苏联作家。

共青团员们特别注意防止宗教的毒素浸入儿童的心灵。大家都知道，孩子尤其是学龄前儿童很喜欢跟着自己信教的父母去教堂。共青团员们为了把孩子从教堂里拯救出来，决定组织一个幼儿俱乐部。俱乐部主要在星期日开放。共青团员们分头到习惯带孩子进教堂的人家去，建议他们把孩子留下来，由共青团员们照看，绝大多数家庭都乐意这样做。后来，事情进展得很顺利，因为孩子们自己强烈要求到俱乐部去。那里有意思，又快活。共青团员们就通过这种办法，防止教堂里的牧师们蒙蔽幼小的儿童。

"共青团员应该通过自己的劳动对家庭的收入做力所能及的贡献。共青团员不得擅自花销一分自己用劳动得来的钱。"——因为劳动是正确对学生进行教育的、起决定作用的条件。通过劳动和劳动所获得的报酬，可以使学生们意识到他们交给家里的这点微薄收入，还不能偿还父母为他们付出的 1/10。我们随时随地都向共青团员们灌输以上这一思想。每次暑假以后，共青团员们总要总结一下，他们挣了多少钱和多少东西，交给了家庭多少。擅自花钱在我们学校被认为是不道德的，不被允许的行为。这条规定对非共青团员也适用。

最后一条准则是"共青团员应关心和尊敬姑娘，共青团员不得说下流话，不准喝酒"。

我们的共青团员一贯遵循长期以来形成的一整套道德准则。这样做的结果，既丰富了青年男女的精神世界，同时也提高了共产主义思想在他们心目中的地位。

教师要善于发现每个孩子的特长

有时，教师会意外地听到一些令人愉快的消息：他们过去的学生，在校期间是默默无闻的，毕业工作后成了先进生产者、革新能手，在劳动中表现出忘我的精神。还有这样的情况：某些在校学习时总是因为懒散、不守纪律或其他缺点，不断给教师带来不愉快的孩子，在生产中表现出来的却都是优点，如真心热爱劳动、严守纪律、肯于无私地帮助同志等。

以上这种情况，早就引起我们的不安，它提醒我们：在我们学校的教育工作中，有些根本性的问题被忽略了，没有被考虑到甚至被遗忘了。

比如，我们和维克多朝夕相处了七年。七年中所有的教师每谈起他时，都说他是一个讨人嫌的、没有希望的、不可救药的坏孩子。他从不完成家庭作业，而且经常缺课，在任何方面都没有才能。尤其是语文教师经常抱怨维克多，说他提笔就错，甚至连抄书也不注意抄准确。教师们费了九牛二虎之力，想让他达到大纲规定的最低要求，得个"三分"，可是小伙子就像俗话说的那样凑凑合合地读完了七年级。他离校后，有的教师感到松了一口气，但同时又为他担忧，不知他将来在生活中会变成一个什么样的人。可是，维克多离校后不到两周就传来了第一个令人惊讶的好消息：小伙子到亚历山大城住宅建筑工地当石匠学徒工去了。过了一个月，又传来了一个新的消息：这个曾经被认为不可救药的学生居然已经出了师，开始独立工作，而且被评上较高的级别。不仅如此，他还因为劳动卖劲、干活细致、灵巧而不止一次受到师傅当众表扬。

一年以后，维克多已经成为一个优秀的建筑工人并多次在工地"战报"上受到表扬。他成了最有经验的工人之一，师傅总是把最重要的任务交给他去完成。又过了一年，维克多开始向青年传授技艺了。不少小伙子和姑娘都争着跟他学徒，因为他虽然年轻，却很有经验。许多优秀的老师傅都证明维克多不仅能砌一般的墙，而且能砌空心带花的、美观的砖墙。他们认为，维克多在劳动中找到了真正的乐趣。除了石工活以外，维克多还开始学木工活，他用木头做出的东西十分美观，让人百看不厌……维克多取得的成绩越大，教师们就越感到困惑不解。维克多的经历本身，就是对于我们当年对他进行的各种警告和惩罚的一种最具说服力的谴责。

每个教师都可以举出不止一个例子来说明，某些在校学习期间很不引人注目、不好不坏的"中游"学生，毕业走向生活后突然在某方面表现得很出众，很出色。

对于我们来说，不仅要弄清产生以上现象的原因，更重要的是要在教育过程中遵循事物的客观规律，制定明确的目标，从而避免出现以上意外现象。

我们认为许多学校在教育过程中存在的缺点之一，就是教师在几年的教学过程中没有能够发现每一个学生独特的能力、潜在的力量和才干，而这些东西正是他们后来能够取得成就的重要前提条件，是他们能够创造性地进行劳动的基础。每个孩子都有他自己在某一方面的积极性，都有某种特殊的禀赋、某些自然的素质和某方面的倾向性。我们应该发展孩子们身上的这一切，应该给他们创造条件，让他们身上最美好的东西得到最充分的、最理想的施展。每一个儿童身上都有许多"根"，这些"根"向全身输送养料，滋养着他们精神上的美质。我们应该保护这些"根"，对它们爱护备至。

我们学校有一个叫阿纳托利的学生，他的文学课成绩一贯不好。几年来，我们一直尽量帮助他摆脱这种状况，但小伙子却一心迷恋无线电技术，能独立设计各种无线电。大家都认为这很妨碍他学习知识。可是，阿纳托利对大家的批评置若罔闻，丧失了学好文学课的任何信心。为了找寻某种能够表现自己的地方，他越发热衷于无线电技术。他竟独立建起一个收发两用的无线电站，并和业余短波无线电爱好者们建立了联系。阿纳托利勉勉强强读完了中学。他在农庄的无线电站工作了一年后，考取了电工技术学院无线电系。在电工技术学院里，他在一年级时就表现出非凡的才华。现在他已经成为该校无线电系的骄傲，学校对他寄予了无限希望。

类似的例子还很多。这些例子都说明了一个问题，即我们必须仔细地观察、研究每一个学生，发掘他们身上的优势潜能，让他们在校门内就能长上双翅，准备飞翔。

总结多年的经验，我们可以得出这样的结论：孩子们往往是先在那些能够充分发挥其才能，显示其力量的领域里做出成绩，然后再从这些成绩里汲取精神力量来克服自己某个方面的不足，其中包括某门课程成绩低劣的弱点。因此，教师的任务首先在于发现学生身上最好的东西，并使之得以发展，而不是用大纲规定的条条框框去约束它。教师应该鼓励学生独立工作，支持他们的创造精神。在完成这项任务时，共青团和少先队组织也可以发挥重要的作用。以上多次提到的独立工作，应该符合每个团员和少先队员的倾向性，符合他们的需要和要求。

孩子们身上的各种优势潜能只有在适合于他们的自然素质、倾向性和才能的劳动过程中才能逐渐发展起来。

我们学校组织了许多技术和农业方面的小组，为学生们积极开展各种类型的活动提供了良好的物质条件，这是充分发挥每个学生各种优势潜能的重要前提。下面就是几个具体的例子：

萨尼娅在班里是一个不引人注目的学生。她哪方面也不突出，对什么也不是特别有兴趣。她对于所有的课程都同样努力，但明显地看出她的这种努力是毫不动感情的。她从不积极拓展自己的知识，从不企图跨越大纲所规定的要求一步。对于萨尼娅来说，学校里既没有一门她心爱的课程，也没有一位她心爱的教师。这个学习成绩良好而稳定的女学生似乎没有什么值得令人为她担忧的理由。但正是在这一切都好的表面现象后面隐藏着一种危险。正是这种成绩中等、学习尚努力的学生，往往会变成对一切都无所谓的人。他们在校时的主要愿望是考个三分或四分，独立生活后在生产劳动中的主要目标就是好坏能做一点工作。恰恰是这种学生最让我们不能放心。对待这样的学生我们必须激发起他们的积极性，让他们振作起来，发挥自己的特殊禀赋。我想再重复一遍，这种特殊禀赋是每一个学生都具有的，问题是需要我们去为他们开辟广阔的活动场所。

从五年级起，我们开始吸引萨尼娅积极参加各种小组活动，但经过很长一段时间，教师都未能取得任何成效。这个女孩子对待各种活动就像对待各门功课一样，虽不感兴趣却样样都努力，但就是对其中任何一样也不表现出特殊的爱好。最后，自然课教师终于使萨尼娅对一种活动产生了兴趣。

入冬后，孩子们一般都要把剪去树干的果树苗的根部保护起来。自然课教师告诉萨尼娅，在这些根部可以嫁接果树，萨尼娅惊奇地问："难道这些果树能够长起来吗？"

"一定会长起来的。"教师回答说，并把移根嫁接的工作交给萨尼娅去完成。萨尼娅对这项工作产生了极浓厚的兴趣，以至她天天到果树地里来。教师因势利导，不断启发她进行各种新的研究工作。萨尼娅所在的植物培植小组的组员们在一块小园地上播下掺有豌豆的燕麦种。教师解释说，这种混合播种可以提高两种作物的产量，还可以通过各种富有养分的物质使土壤肥沃起来。

饶有趣味的集体活动终于激起了萨尼娅的兴趣，她成了小组里最积极的成员之一。她以极大的兴趣进行各种试验。例如，她将不同品种的西红柿进行杂交，把越冬小麦嫁接到黑麦上去，等等。在教师的建议下，萨尼娅在自己家宅旁的一块园地里开辟了一块试验田，用来培养移植的和栽种的果树苗。从此以后，自然课尤其是生物课逐渐成了萨尼娅所热爱的课目，各种有关植物成长的书籍她都爱不释手。

到了八、九、十年级时，萨尼娅所在班级的一个共青团小组在农庄的一块地上试验种植高产玉米。萨尼娅是这个小组的积极成员之一。组员们用先进的方法精耕细作，每年都获得高产。萨尼娅在组内每年都精心挑选良种，妥善保存，并为试验田搜集肥料。

萨尼娅对劳动的兴趣越来越大，她所取得的物质成果也越来越多。随着这些变化，她的精神面貌也发生了显著的改变。她从一个默默无闻、对一切都漠不关心的姑娘，变成了一个积极的对劳动中的喜和忧都十分动心的姑娘。她在事关集体利益的劳动中，往往表现出真正的忘我精神。读完十年制后，她在农庄劳动了一年，后来就考入农学院了。我们深信她将来一定能成为一位富有创造精神的劳动者。

每一个儿童都有他自己的才能和潜在力量，都有优点和缺点，都有他个人的兴趣和所追求的目标。而这一切都要受个人不同天赋素质的制约，都要在做出成绩的过程中得到巩固，都要通过积极参加社会生活才能变成儿童有意识的行动。学校、共青团、少先队组织的责任就在于全力巩固每个学生所特有的长处，使每个教育对象的精神生活都丰富起来并充满生机，使每个学生都能从事他所热爱的劳动。

我们认为，让孩子从童年起就特别热爱某一种劳动，让他们从童年起就能深刻地意识到自己的才能和潜力，是为孩子们将来走向劳动生活，为他们今后能自由地、自觉地选择生活道路做好充分准备的重要条件。

一般来说，我们力求做到使每个教育对象都能在少年时期就在某项劳动中达到应有的水平，掌握一定的技能，并使他意识到这项劳动就是他所喜爱的。如果教育对象在学习期间就能找到自己的归宿，那么当他毕业时，他就可以勇敢地、自觉地、满怀信心地走向生活。

此外，随着孩子们对某项具体劳动逐步产生感情，他们的道德面貌也会随之完善，兴趣和爱好的范围也会随之扩大，对自己的才能也会越来越有信心。久而久之，他们对献身自己所热爱的劳动的决心就会逐步形成并巩固下来。

有一个男孩尼古拉长期以来对任何持续性的劳动都不感兴趣。我们曾经想把他吸引到少年自然科学研究小组的活动中来，但效果不明显。他虽然也能够认真地完成教师交给他的一切工作，但他对工作的成果并不关心。比如，栽完一棵树后，尼古拉也对它进行管理，但并不努力把工作做得比其他同学更好些。

尼古拉还参加了木工组的活动，学会了用手锯锯东西，还学会了其他一些技能和技巧。但是木工活同样也引不起他真正的兴趣，也就是引不起那种能鼓舞他克服困难，使他渴望掌握某种工艺的浓厚兴趣。

后来，尼古拉突然对技术产生了一定的兴趣。起先，他只是对凡是和机器、模型制作、工程设计、金属加工等有关的东西感到好奇。后来，他才对这一切产生了真正的兴趣。我们经常见到他凑在那些当时正研究摩托车和固定内燃发动机的少先队员们的周围。

我们发现除了技术以外，任何东西也引不起尼古拉的兴趣，我们不仅不再用其他各种形式的活动去分散他的兴趣和精力，而是尽量加深他对技术的浓厚兴趣。在我们学校里，群众性最强的要算少年机器制造小组了。任何学生，即使是一年级的小学生，也可以参加这个小组的活动。尼古拉逐渐成了这个小组的积极分子。他加入了当时由年龄最大的组员完成的一项工作——制作起重机模型。作为新组员，他被分配干一些次要的、辅助性的工作，如磨金属片、锯金属丝、剪铁圈等，但他丝毫不介意。无论工作是多么的单调，都能使尼古拉感到非常高兴。他骄傲地说，他准备自己做一个能活动的、带电磁铁的起重机模型。

尼古拉在热衷于这种新的劳动中读完了四年级，升入了五年级。制作起重机模型的工作结束后，尼古拉又开始了一项新的工作——设计直流发电机模型。尼古拉没有学过电工学，因而知识不够用，但参加这项工作的强烈愿望给了他克服困难的力量。他全神贯注地倾听高年级同学讲解关于电动机构造的原理，仔细地观察有经验的组员们如何工作。他计划自己在家里做一个能活动的小发电机模型，并在任何人都不知道的情况下积极地在家里干了起来。本来需要在旋床上干的活，尼古拉用手来干，用锉子锉。为了绕好转子上的导线，尼古拉先在小组里多次进行实际操作。

最后直流发电机终于做成了。尼古拉把自己的成品拿到学校来。小组长注意到尼古拉的活干得既干净又整齐。

"你将来一定会成为一个很好的师傅。"组长对尼古拉说，并在全体组员面前表扬了他。就连高年级的同学以及较有经验的组员也都十分赞赏五年级学生尼古拉的手工，因为模型上的金属部分都磨得很光，木头台架上还添了一层油漆。

但最可贵的是，尼古拉在整个劳动过程中表现出了独立性。他自己解决了一系列就他的能力来说相当复杂的问题，从而表现了他的顽强精神。

可以毫不夸张地说，独立制造发电机模型这件事对于尼古拉的整个生活产生了巨大影响。当他升到六年级的时候，在他周围聚集了一些对技术产生兴趣的低年级的少先队员，他们是三年级至五年级的学生。尼古拉主动向他们介绍自己在技术方面的心得。在他的指导下，孩子们制作了一台交流发电机，并用它来带动电动拖拉机模型。

尼古拉对于技术，尤其是对金属加工已从很感兴趣发展成为认真的爱好。在他家里有一个可以进行各种金属加工的角落，这里备有钳子、凿子、锉、剪刀和钻子等。

在尼古拉的精神生活中，对心爱的劳动的浓厚兴趣占据着重要的位置。他对于自己在劳动中的每一次成功和失败都很动感情。渐渐地，他将个人的利益和集体的利益融合在了一起，因为绝大部分工作都是由他和大家一起干的。当组内工作出了问题时，他也难以平静。小伙子经常在课后留在工作室里，耐心地、手把手地教低年级的学生，告诉他们应该如何完成某一个工序。

在七年级的时候，尼古拉已经是少年机器制造小组里最积极的成员之一了。他和小组组员制作了好几个农业机器活动模型。如播种机、电动拖拉机、康拜因机等。进行这项工作时，他还吸收了十多个低年级的同学来参加。

到了八年级，尼古拉开始学习钳工、电气安装工的专业技术。他和其他几个擅长技术的同学被分配给一个有经验的钳工兼电工的师傅当学徒。

我们十分重视尼古拉希望掌握技术并使其达到完善水平的意愿，因此一个接一个地交给他完成一些既需要耐心细致、集中注意力，又需要具有创造性的任务。

到了九年级时，尼古拉全身心地投入到制作一台供家庭用的简便的旋车床的劳动中。这种小车床是许多学生梦寐以求的。教尼古拉和同学们技术的师傅只提供了一个总的、原则性的草图，为徒弟们能够从各方面改进这一草图，简化设计，把车床做得更好留下了充分的余地。

通过制作旋车床的工作，尼古拉进一步主动要求掌握细致的、技术性较强的、制作水平要求较高的劳动技能。达到这一目的成了他生活的主要内容。读完九年级后的那年暑假，尼古拉在农庄修理拖拉机和其他各种农业机器的小组里当钳工，他学会了在旋床和钻床上进行操作，掌握了电焊和锻造等各项技能技巧，学会了驾驶拖拉机和汽车。在小队里他总是干那些需要一定的发明才能，需要开动脑筋和具有创造精神的，最复杂、最艰巨的工作。

最后一年里，尼古拉终于下定决心当一名高水平的工人。他在展望未来时说：和机器、金属打交道使他感到很满意，很愉快，并越来越相信自己的力量。毕业以后，尼古拉果然成了机械车间的钳工。这位年轻的工人从一开始劳动起就表现出许多优点：真心实意地热爱自己所从事的劳动，加工精细认真，能完整地掌握劳动的全过程。这一切都是尼古拉长期以来热爱这项劳动的结晶。

以上就是一个年轻人如何形成自己的志向的全部过程。

不论是多么平凡而简单的劳动，其中都有无数可以使精神生活丰富起来的因素。只有那些通过心爱的劳动发掘了精神力量的人，才能坚定地、信心百倍地走向生活。

如何对待在校期间未能教育好的孩子

当你亲眼看到一个儿童由七岁成长为一个道德上成熟、合乎规范的大人时，当你看到他在一开始的劳动生活中就表现出是一个诚实而勤奋的劳动者时，你自然会获得莫大的精神安慰，备受鼓舞，从而更好地从事教师这项艰巨而高尚的劳动。相反地，如果年轻人走出校门后毫无生活能力，既懒惰又不诚实，甚至于干坏事、犯罪，那么你一定会感到十分痛心，一定会想到你对社会，对这个你曾经掌握过他命运的人没有尽到应尽的责任。

虽然我们的教师集体尽了最大的努力，但是有时我们还是难免要为自己的工作感到痛心：个别毕业生走出校门后完全没有具备独立生活的能力，更有甚者，他们恶劣的品行和对劳动不负责任的态度对我们的在校生，对于已经毕业的学生，以及全体青年都起着极坏的影响。

这些个别生虽然已经离开学校，不再是我们的学生了，但我们丝毫不会因此而感到轻松，相反地，我们更为他们今后的前途感到焦虑不安。在十年中，我们学校共有这样的个别学生12人。他们主要是六年级至九年级中途辍学的学生。学校没有能把他们教育好。所谓没有教育好，主要是指德育方面不符合标准。至于知识，则多数人是合格的，其中只有两人未读完七年级。

这些个别生在生活和劳动中的表现，一年更比一年使我们感到学校对其培养对象在道义上的责任绝不能因为他们不再是学校的学生而结束。

下面是一些个别生的具体情况：

个别生安德烈的父母一生中从未干过有益于社会的劳动。这本身就对孩子产生了极坏的影响。更糟糕的是，当安德烈还在三、四年级的时候，母亲就唆使他去偷盗国家的贵重物品，这对安德烈当然产生了更坏的影响。安德烈的偷窃行为在学校中也时有表现。因此，我们派了教师专门对他进行观察，此外班里还专为他组织了表彰诚实、不弄虚作假和热爱劳动等行为的互助组。有一段时期，安德烈确实被吸引到生气勃勃的集体生活中来了，他开始积极参加各项有益于社会的劳动，但是家庭使学校努力取得的一切成果功亏一篑。15岁的安德烈读完七年级后就中途辍学了。我们经过努力把他安置到农庄工作，让他在一些诚实而认真负责的庄员手下劳动。但是，后来他的父母亲强迫安德烈去森林采伐木材，在那里他又犯了偷窃的毛病，被停止了工作，成天无所事事，到处游逛。暑假时，安德烈和学校五年级至七年级的一些学生交上了朋友。毫无疑问，他对这些学生产生了恶劣的影响。通常我们把这种坏影响称为"恶劣的周围环境的影响""大街上的影响""狐朋狗友的影响"。

此外还有一个名叫弗拉季斯拉夫的个别生，他从小没有父亲。他的母亲不但不对孩子提出任何应该提出的要求，反而干扰学校对他的教育。学校本想在弗拉季斯拉夫的身上培养起热爱劳动、诚实等品质和集体主义的精神，但弗拉季斯拉夫的母亲使这一切设想根本无法实现。学校尽了最大的努力才使弗拉季斯拉夫读到七年级，此后16岁的弗拉季斯拉夫就进了技校。但是两个月后，他终因成天游手好闲而被开除学籍。后来他又到农庄劳动。在农庄他也不能脚踏实地地干活。毫不令人感到奇怪的是弗拉季斯拉夫和安德烈交上了朋友。如果再有两三个小伙子也像弗拉季斯拉夫和安德烈一样，一开始独立生活时就这样处处工作不下去，那么一定会在村里造成一种恶劣的社会影响，这不仅威胁着弗拉季斯拉夫和安德烈两个青年的前途，而且对学校整个教育教学工作的正常开展构成极大威胁。

我们很难保证今后学校不再出现个别学生，这种没有教育好的学生无疑将会使周围的环境和气氛更加恶化。学校对于他们在各方面所产生的恶劣影响已深有感受。怎样才能使我们的学生不受周围环境的坏影响呢？这个问题已严肃地提到全体教师面前。想办法把我们的学生和这些可能对他们产生坏影响的青年隔离开来吗？这不仅是办不到的，而且也是不正确的。

经过讨论，全校教师一致认为：如果说对于学生未能掌握应有知识的现象尚可容忍的话，那么对于道德上没有教育好的男女青年是万万不能放出校门的。对他们的教育必须进行到底。下面我就谈谈进行这项极其重要的工作的具体方法。

六年前，我们把以上提到的这类青年中的9人请到学校来，和他们进行了坦率的谈话。谈话后，其中几个曾在我们学校学习过的学生承认他们自己也受到良心的谴责，感到痛苦，并愿意重新开始生活，但苦于不知究竟该怎么办。个别青年尽管并不认为自己的状况有可耻之处，但也不否认应该找份工作。

根据这种情况，学校决定帮助他们，给他们提供条件，在学校的教学车间组织一个学习制作家具的木工组，其目的是让他们每一个人都能掌握木工专业，都能在有经验的老师傅的指导下进行劳动。这几位青年都接受了学校提供的便利条件，加入了学徒组。

在劳动中，我们对思想教育工作给予了极大的重视。我们要求学徒们在生产劳动过程中要掌握好专业，让他们看到自己的劳动成果，积极参加学校的各项活动。把这些无组织无纪律的、自由散漫成性的青年们组织成一个劳动集体确实需要付出巨大的精力。我们向新教育对象提出来的第一个要求是爱护工具和保护设备。学徒们使用的工具是学校为五年级至七年级学生购置的，因此他们更有必要对工具加倍爱护。

我们之所以能比较顺利地对这些几乎是不可救药的学徒们进行教育，其主要前提是这些青年都已被组织到学校这个集体中来了。每天到他们劳动车间里来的不仅有五年级至七年级的学生，而且还有教师、家长和学校各组织的代表。我们学校习惯把这组青年叫作"我们的木工"。当"我们的木工"学会了做正式的物品时，他们的劳动成果不仅成了一年级至四年级，甚而成了五年级至七年级学生纷纷议论的主题。这样一来，"木工们"对每一件物品自然也就更加精益求精了。而我们则千方百计地培养并鼓励他们这种力求上进的精神和以自己的技术为荣的工人的自豪感。

特别使年轻的劳动者在精神上感到安慰的是，他们中的每一个人都有了朋友，也就是那些渴望向他们学习技术的学生们。这些曾经不守纪律、专门捣乱的年轻人中竟有人成了某些小组的负责人。

对于这些根本不习惯于进行坚持不懈的、有规律的劳动的年轻人来说，培养起热爱劳动的品质，尤其是掌握一门技术，是很不容易的。在对他们进行教育的过程中，特别是在最初的几个星期内，曾多次出现过他们对待劳动不负责任的事件。

比如，米海伊尔和弗拉季米尔最初对于将来是否能掌握一门专业并不关心，于是负责木工的教师定了这样一条规定：凡是不自愿劳动的人都不得参加由集体共同完成的任务，而只能单独接受某项工作，直到他能用自己认真的劳动态度证明他今后准备和大家一起劳动为止。教师对于米海伊尔和弗拉季米尔就执行了上述规定。当时全组木工正在做门，而这两个散漫的青年则只能被分配去做托儿所用的小板凳。这项工作既需要下功夫，又需要认真细致，没有集体的帮助，年轻人是很难独立完成的。因此，他们主动请求教师允许他们参加集体的劳动，并请求集体帮助他们完成做小凳子的任务。

我们就这样经常以生动的事例教育每一个对象，使他们懂得个人必须依靠集体，单靠个人的力量是不可能很好地完成任务的。此后米海伊尔和弗拉季米尔顺利地结束了学徒阶段，开始独立劳动，成了木匠。他们两人制作的东西，尤其是家具，总能博得很高的评价。

在上述工作及其所取得的成果中，我们认为最重要的是要以教育为目的。也就是学校应该干预生活，积极地改善周围不好的环境和条件，因为这种周围环境的坏影响，往往是学校教育工作中产生各种缺点的重要原因之一。

今天，普通教育已经普及，每一个人在青少年时期都要接受学校的教育。凡是由于某种特殊原因在结束中等教育以前没有能够在学校学习的人，都应该在接近青年和青年时期受到学校的教育，一直到他们在道德上达到完全成熟的水平为止。这样做对于社会和学校都是十分必要的。因为如果学校能够把那些由于各种不同原因而中途辍学的人都包下来，那么就可以避免出现上述恶劣的外界环境。非常遗憾的是，目前尽管我们对周围的不良环境感到十分害怕，但学校对这种环境的造成也应负相当的责任。

学校应对毕业生负责到底

学生在学校学习的最后几年中，各方面的能力、潜力、才能和倾向性都逐渐固定下来。至于他们在道德品质方面的优点则首先可以通过选择自己所热爱的、合乎心意的劳动表现出来。如果学生在学习时期就能较长时间地从事某种具体的劳动，不仅可以巩固他们实际的技能和技巧，同时也可以为他们正式参加劳动做好精神上的准备。但实践证明，不论学生在校期间接受的教育内容多么丰富，多么有针对性，学校教育也不能随着毕业证书的颁发而结束。对一个青年来说，从学习阶段走向劳动、生活，是人生中极其重要的一个转折。因此，在他们参加劳动后的最初阶段里，对他们进行思想教育工作才具有头等重要的意义。这是我们在分析了青年人走出校门后所遇到的困难之后得出的结论。

我们学校有三个女学生，毕业后到一个畜牧场工作了。可是过了几个星期，她们对劳动生活中的某些问题开始表示不满。她们的意见就其本质来说，可以归纳如下：

"对于我们来说，劳动并不可怕。在学校学习时，有时我们干的活要比现在重得多，现在我们的业余时间比学习时还要多。但糟糕的是，自从我们开始劳动生活后，就失去了那些使学校生活变得丰富多彩的东西，也就是失去了富有生趣的生活。在学校时，我们除了劳动以外，还有各种富有创造性的晚会，各种有趣的读书会和讨论会，我们可以和朋友们对读过的某本书进行倾心交谈，举办各种作业展览会，出各种手抄杂志，集体讨论某部影片，以及其他各种各样的小组活动。但是，现在这一切都没有了，生活变得贫乏而单调。因此，劳动有时使我们感到苦恼。还给我们上述的一切，还给我们学校的集体活动，那么劳动即使艰苦一百倍，我们也不害怕。"

我们从在大田队和拖拉机队劳动的青年那里听到的也是同样的意见。将要毕业的学生们一般最担心的就是怕一旦开始劳动，精神生活就要随之下降。

因此我们决定，在我们能力和条件允许的范围内，尽量不停止对毕业学生进行思想教育。生活实践创造出了一种新的工作形式：建立单独由毕业生组成的劳动集体，并和学校保持经常的、密切的联系；另一方面还可以吸收已开始参加工作的毕业生参加学校里，尤其是团内生动活泼的生活。

我们采取这种工作形式的出发点，是因为在这种主要由中学毕业生组成的劳动集体里，更有条件进一步培养和巩固年轻人的优秀道德品质。另一方面，这个劳动集体还可以对未受过中等教育的劳动者进行大量的教育工作。

根据我们的想法，这些由中学毕业生组成的劳动集体，应该成为培养新的、共产主义的劳动态度，提高劳动文明程度的主要基地。

这种由毕业生组成的劳动集体是从1952年夏天开始建立起来的。在党组织和各社会团体的协助下，我们创造了各种条件，使毕业生能成组地在一起劳动，而联系他们之间的纽带，不仅是共同的劳动兴趣，而且还有精神方面的各种兴趣，这样学校至少在他们毕业后的三年内仍能继续对他们进行教育。

下面是一个这类劳动集体建立的过程：

有一组女生，毕业前就连续两年在养牛场进行教育生产实习。快毕业时，女共青团员们正式表示愿意到农场去工作。农庄党组织帮助这几个毕业生组成了一个小劳动集体。姑娘们在团的会议上做出承诺，一定要提高农场的劳动生产率，共青团组织也表示愿意帮助自己的同志。

五位女共青团员就这样跨出了她们独立劳动生活的第一步。可是一开始劳动，她们就遇到了困难，姑娘们本打算在自己的地段里搞好清洁卫生，建立起良好的秩序。但是她们的愿望不但得不到支持，反而遭到了个别庄员不屑一顾的冷笑。令姑娘们感到更为困难的是，为了实现自己做出的承诺，必须储备大量的饲料，尤其是青饲料。

为了解决这些困难，她们一方面向农庄管委会求援，同时还请求母校的团员和教师帮助她们。这几位年轻的劳动者工作成绩的大小和精神状态的好坏，都直接关系到学校是否能顺利地对数百名目前尚在学习，即将开始劳动生活的男女青年做好思想上的准备工作。因此，学校教师集体和共产主义青年团组织都竭尽全力为农场准备过冬的一切必需品，保证农场有足够数量的饲料。学校的共青团员和少先队员们也响应年轻的饲养员们的号召，数次参加储备青饲料的星期日义务劳动。姑娘们体会到学校集体的大力帮助，因而以更顽强的精神从事劳动。

年轻的庄员们和学校集体的联系越来越密切。后来有些劳动项目就由双方共同完成。比如，根据年轻的饲养员们的请求，共青团员参加了农场的电气化和某些重体力劳动过程的机械化，以及改善牲口棚和整个农场劳动条件的工作。

当全体共青团员和少先队员听到年轻的饲养员完成了自己提出的指

标的好消息时，都感到十分愉快和自豪。

和年轻的劳动者们保持经常的联系对于同学们，尤其是对于那些已经自觉地选择了自己未来劳动道路的学生产生了很大的影响。

一年以后，这个由共青团员组成的生产队又补充了两名毕业生。一位姑娘劳动一年后进入了高校。两年以后，又有两名劳动了两年的姑娘升入了大学。补充她们空额的是三名新的女毕业生。

这种不断更新的情况在其他的劳动集体中也都存在。虽然每年都有一定数量的年轻劳动者升入大学或进短期班学习，但这些劳动集体并非临时性的，它们每年都在发展。我们在这些集体里进行大量的思想教育工作，以培养出道德上成熟、热爱劳动、诚实的人。

学校的教育工作者和共青团组织日益坚信，在这种由毕业生组成的劳动集体里，可以继续完成培养优秀道德品质这一复杂而艰巨的任务。每一个青年劳动组织都形成了一些自己的传统，并逐步一一巩固下来。其中很重要的一个传统就是毕业生要竭尽全力维护母校的荣誉，用自己的劳动来回报教师、同志们、共青团员们对自己的信任。为了维护母校的荣誉，这些曾经的学生们总是尽一切努力，使他们所在集体中劳动的文明程度能达到较高的水平。所有由学生组成的劳动集体的生产率都大大高于一般的劳动集体。这些具有中等教育程度的年轻庄员们不论从事多么简单的日常劳动，都能发挥一定的创造精神。这样做的结果，实际上是进一步培养了年轻人的好品质，如社会责任感，和困难进行斗争的顽强精神，以及坚决和不守纪律、懒惰、浪费等现象进行斗争的原则性。这些由青年团员组成的劳动集体成了许多活动的倡导者。

这些劳动集体的教育工作之所以能很好地开展起来，是因为年轻人经常不断地参加学校的各种活动，尤其是团的活动。

年轻的庄员们经常出席团组织的会议，参加各种文娱活动、读书会和其他节日活动。多年来，年轻的庄员们每年在十月份秋收以后，都要向学校的团员们和同学们汇报一次劳动中取得的成绩，这已经成了一种传统。

学校一贯鼓励毕业生参加学校的各项课外活动，努力使年轻人在独立劳动后仍能不断提高自己的文化水平，使他们的精神生活能成为在校生学习的榜样，这是有效地、从思想上培养学生毕业后参加工农业劳动的一个极其重要的条件。

学校还经常为年轻的庄员们举办各种文学、艺术晚会，专门组织报告会，向他们介绍新的文学作品、新的绘画和音乐作品。毕业后参加工农业生产的青年男女可以在学校图书馆借阅书籍。我们对毕业生的阅读内容以及他们的兴趣都进行认真研究。在读书会和讨论会上，毕业生也可以做报告，分享自己对所读书籍的心得体会，向同学们介绍今后的阅读计划。毕业生的这些报告生动地向正在学习的学生们说明了一个问题：青年们开始工作后精神生活可以丝毫不变得贫乏。

自从学校实行生产劳动制以后，毕业生和在校生之间的联系就更密切了。曾经的学生，现在的生产能手给在校生做报告时，不仅一般性地介绍自己所从事的劳动的社会意义，而且详细阐述劳动中的科学原理，以及有关劳动技术、劳动工艺方面的细节问题。比如年轻的农技师雅可夫就曾为同学们做过一个题为"康拜因机各组成部分和各部件在操作过程中的相互作用"的报告。他在报告中谈到，如果很好地掌握了技术，就既可以提高生产效率，又可以防止机器损伤或出现故障。

年轻的挤奶员玛丽娅则做了一个题为"提高畜牧业生产力的途径"的报告。通过这些报告，同学们一致认识到，在目前的创造性劳动中，起主要作用的不是体力而是智力。

年轻的庄员们都向往着能有机会接受高等教育。这种志向是十分自然的，也是十分合理的。学校一贯努力帮助他们实现自己的这一理想。为此，我们建立了一个固定的辅导点，在农庄和企业劳动的青年男女都可以在这里就中学教学大纲里的内容得到相应的辅导。近五年内，有26名中学毕业后工作了两年至五年的年轻劳动者进入高校。这是一些最有才能、年轻的工人或庄员。他们上大学的志向是在具备了丰富的生产劳动经验，并对某一专业有了明显的倾向性以后形成的。

由毕业生组织的劳动集体，是对在校生进行劳动教育的重要基地。暑假期间，我们把仍处于学习掌握各项劳动技能阶段的学生们分配给固定的农业机务人员或农庄庄员，让学生们在他们的指导下进行生产实习。其中，效果最显著的是把八、九年级的学生分配给他们过去的老同学。

这种由中学毕业生组成的劳动集体有极大的发展前途。新的毕业生源源不断地补充到这些集体中来，为学校和生产之间建立起真正的联系开辟了广阔的天地。实践证明，建立由受过中等教育的青年组成的劳动集体是提高劳动文明程度的重要措施，是培养思想觉悟高、劳动能力强的青年的有效办法。杰出的俄罗斯作家，擅长描写大自然和人的诗人M.普里什文曾经这样写道：社会主义的伦理学，就在于把伟人的思想倾注到孩子身上。这句话对于我们教育工作者和团队辅导员们有着多么深刻的意义啊！只有认为每一个教育对象都可能成为伟大人物的教师，才能把自己称为一个真正的教育工作者。一个真正的教育工作者，在遇到那种自由散漫，毫无学习愿望，对一切都不感兴趣，哪方面都没有才能的孩子时，他的心是不会安宁的。他一定会千方百计地去唤醒这个懒散而缺乏才能的学生的自尊心，并在他毫无察觉的情况下，触动他灵魂中最敏感的角落。

据我了解，有一所学校在七年之中，连续出现了许多有才干的农业技术人员、畜牧家和高产能手。他们中不止一人在受完高等教育后又回到自己村里当农技师。因为他们热爱这里的大自然，愿意在这块土地上从事劳动。值得注意的是，发现他们的特殊才能，和他们对大自然、对劳动的深厚感情的人，正是教他们生物、化学的天才的教师和农业小组的负责人。

一个学生，如果在他的周围到处都能看到召唤他去追求知识、献身劳动、不断创新的火炬，如果点燃这一指引他勇往直前去克服困难的知识之明灯的，不只是一位教师，而是所有的教师，所有的少先队辅导员，那么将会出现怎么样的一幅情景呢？我想一定会出现一幅应该出现，也一定会出现的情景，那就是：每一个学生身上的天赋素质都将毫无例外地得到发展，每一个学生特有的智慧都能放射出灿烂的异彩；一切懒散、无能的人都将不复存在，因为人生下来本来就是为了要成为天才的创新者的。把社会在道德和智力发展方面的水平提到上述高度——这就是我们的理想。这也就是共产主义。

出 版 人　郑豪杰
策　　划　祖　晶
责任编辑　李　杨
版式设计　郝晓红
责任校对　贾静芳
责任印制　叶小峰

图书在版编目(CIP)数据

要相信孩子 /（苏）B.A. 苏霍姆林斯基著；汪彭庚译. —北京：教育科学出版社，2022.11（2024.11 重印）
（苏霍姆林斯基教育经典丛书）
ISBN 978-7-5191-3276-7

Ⅰ. ①要… Ⅱ. ① B… ②汪… Ⅲ. ①儿童教育 – 品德教育 – 研究　Ⅳ. ① G611

中国版本图书馆 CIP 数据核字（2022）第 190589 号

苏霍姆林斯基教育经典丛书
要相信孩子
YAO XIANGXIN HAIZI

出版发行	教育科学出版社	
社　　址	北京·朝阳区安慧北里安园甲 9 号	邮　　编　100101
总编室电话	010-64981290	编辑部电话　010-64981246
出版部电话	010-64989487	市场部电话　010-64989009
传　　真	010-64891796	网　　址　http：//www.esph.com.cn
经　　销	各地新华书店	
印　　刷	保定市中画美凯印刷有限公司	
制　　作	北京浪波湾图文工作室	
开　　本	720 毫米 ×1020 毫米　1/16	版　　次　2022 年 11 月第 1 版
印　　张	7.75	印　　次　2024 年 11 月第 2 次印刷
字　　数	90 千	定　　价　22.00 元

图书出现印装质量问题，本社负责调换。